看懂靈魂契約的74個人生解答

ARCHETYPE CARDS

陳盈君——著

自序——在愛的旅程中，與靈魂之約相遇

在個案工作與教學中，最常有人問我的幾個問題，往往都跟靈魂的約定、靈魂的選擇、生命的提問有關，例如：「我的生命想要跟我說什麼？」「我的靈魂藍圖究竟寫了些什麼？」「為何我會經歷這些痛苦與創傷，他到底要教會我什麼？」

多年來，我用心靈原型卡這套工具與個案一同工作，陪伴著每一個靈魂課題的覺察；在教學歷程中，也藉由內在原型的探索，協助我自己與學習者獲得對人性深刻的理解。

我們透過各種學習與探索，想知道自己是誰？究竟怎麼了！渴望被自己理解，進而能夠理解身邊的重要他人。

生命就像一條河流，也像一條路徑，在人際中經歷各種關於愛的學習。

在這趟愛的旅程中，終將與我們的靈魂之約相遇。

在這趟旅程中，我與許多有緣的個案朋友們，相遇了。

他們敘說著自己的人生，我聽著這些一段又一段的生命故事。

每次打開心靈原型卡，探索生命藍圖時，個案總是驚呼著：「真是太不可思議！我的靈魂竟然寫了這樣的劇本！」「怎麼可能是我自己寫的契約！但是……也太呼應了吧！」「我真的有這個能力嗎？我真的可以做到嗎？」

我透過心靈原型去理解每個靈魂的精心設計。即便他們不懂自己，仍相信有人會聽懂他們的

語言，讓受傷的心能被理解、讓被霸凌的人也能好好被愛、讓想被協助的人好好被懂或被接住。這是一份理解與陪伴，深深地，喚醒每個靈魂之約，看懂、傾聽、認回、領回自己的真實力量。

原型能帶領我們進入更深的覺察，進行關係中的療癒。

對我而言，認識原型，能療癒每個層面的自己，讓愛能完整。原型，教導我們的是，關於愛的本質。以完整的愛，愛對方、愛自己，練習更完整、更柔軟地接納自己。

我在台灣帶領課程教學多年，向大家仔細介紹各種原型，結合心理諮商的架構與靈性法則，認識靈魂藍圖的神聖契約，讓大家可以辨認什麼原型在自己與周遭人的生命中運作。理解了原型，你就可以完整連結到他們的力量、和自我建構密切的關係，並且培養對他人更深刻的了解。認識原型的許多樂趣，就在於能夠在生活中辨認出他們。

二〇一七年底，我把心靈原型卡翻譯成中文後，在這套工具的推廣上變得相對容易許多，也有越來越多人喜愛這套工具，使用原型的概念來探索生命與陪伴他人。

在這裡，想先跟大家做一個「圖像直覺」的分享。不論原型卡上面字寫了些什麼，盡可能地先不要管他，回到圖本身來「看圖說故事」，如此一來，大家在牌卡的運用跟使用上，就會更信任自己的直覺，而不會忽略了圖像的訊息，這是一個很重要的過程！

我們在本書的圖片使用上，獲得了原出版社HayHouse的正式授權，採用英文圖卡，直接以「圖像」為焦點，做為投射切入的核心。

這本書的出版，背後有不少天使幫忙，感謝玟伶細心整理了課程中的資料，謝謝富薇與芳如在文字整理過程提供協助，並給我大大的鼓勵。謝謝雋昀接下編輯工作，讓整本書的架構清晰好閱讀。謝謝妳們。也特別感謝鐘證達老師在原文翻譯上給予協助。

整本書，匯聚了我在個案工作與教學歷程的精華，介紹了榮格心理學的概念，也詳細開展了七十四個原型、靈魂契約十二宮位，希望藉由這些經驗的分享，讓喜愛榮格心理學與心靈原型卡的你，能更好地運用並連結這套系統帶給你的資訊。

與原型連結，是通往真實自我的橋樑，帶你走向真實的你，迎向真實且溫柔寬廣的生命，看見靈魂之約的美。靈魂提供給我們的，是一個轉化的機會，能夠覺察並看見，就進而有機會能改寫腳本，並以不同態度回應生命。

祝福每一個你，都能享受這段美麗的旅程。

就讓我們一起微笑啟程吧！

自序

Chapter 1

榮格原型心理學．人心的黑白共存

Chapter 2

原型卡基礎概念．尋找答案的路徑

目次 CONTENTS

Chapter 3 原型卡整體運用・挖掘內在

Chapter 4 原型卡74張解析・讀懂靈魂契約

CHAPTER

1

榮格原型心理學

人心的黑白共存

認識「原型」心理學

「每個人自身的旅程，不論有多麼難熬，都是屬於個人的旅程，而且必須為一生中由內在改變所帶來的結果感到驕傲。」

——卡爾．榮格（Carl Gustav Jung）

「原型」代表生活中內在角色、行為特質的樣貌展現，屬於人類共通的行為模式。

原型（Archetype）最早可以追溯到柏拉圖（Plato）所提出的「理型」（Forms），意指真實世界的萬事萬物都有一個相對應的完美典型。知名的分析心理學家卡爾．榮格則提出「原型」的概念，他將人性的心理透過基本典型的樣貌組合，來詮釋現實生活中所發生的人物與事件。譬如：母親、父親、小偷、教師、孩童、戀人、救世主等等。經由對這些名詞或者事件的理解，讓真實的面貌重新連結到簡潔又深刻的對應，再搭配「時間共時性」概念，就為圖卡藝術媒材的療癒運用提供了一個心理學上的學理基礎。

「神話是眾人的夢，夢是個人的神話。」

——約瑟夫．坎伯（Joseph Campbell）

神話學家約瑟夫．坎伯受到分析心理學家榮格的神話觀（Myth）影響，在一九四九年提出了英雄旅程（The Hero's Journey）的路徑與歷程，坎伯在作品《千面英雄》[1]中描述了基本的英雄神話敘事模式。

導演喬治．盧卡斯（George Lucas）曾說：「如果沒有神話學大師坎伯的『英雄旅程』啟發，我就無法創作出《星際大戰》。」而盧卡斯的這一席話，也讓坎伯的「英雄旅程」成為了編劇界的聖經。

這套英雄旅程中的英雄原型展現，奠基於榮格所提出的個體化（Individuation）與原型理論。這些神話背後的原型，其實反映的是人類在人生中最本質的渴望。

每個人都會在生命中的某個時刻，面對召喚、經歷掙扎與試煉、克服自我內心的恐懼，最終走上自己的英雄旅程。

克里斯多夫．佛格勒（Christopher Vogler），在二〇〇七年出版了《作家之路：從英雄的旅程學習說一個好故事》[2]。其中提到的英雄旅程十二階段，也是現在最多人談論的英雄旅程，那就是——

❶ 平凡世界

❷ 冒險的召喚

❸ 拒絕召喚

---

1 *The Hero with a Thousand Faces*，朱侃如（譯）（二〇二〇），漫遊者文化。

2 *The Writer's Journey: Mythic Structure For Writers*，蔡鵑如（譯）（二〇一三），商周出版。

4. 遇上師傅
6. 跨越第一道門檻
7. 試煉、盟友、敵人
8. 進逼洞穴最深處
9. 苦難折磨
10. 獎賞（掌握寶劍）
11. 歸返之路
12. 復甦
13. 帶著萬靈丹歸返

我們面對生命中的冒險召喚、然後拒絕召喚，開始跟生命討價還價；後來遇上導師或引導者，開始跨越瓶頸；在門前徘徊的自己決心要跨越後，便走上了考驗的旅程；接著面對試煉，進入靈魂暗夜、大魔王出現，經歷了痛苦與掙扎；最後拿到獎杯，開始準備回程，靈魂甦醒、光榮返家！

這些歷程，我們都不陌生，無論事大事小，都正好是一個英雄旅程的經典原型展現時刻！

心理學家凱若琳・密思女士（Caroline Myss）以榮格的原型為概念，在二〇〇三年設計出一套漂亮精緻的原型卡（Archetype Cards）並將其應用在心理治療上。二〇〇四年，她與彼得・奧奇葛羅素（Peter Occhiogrosso）進而發展出靈魂的神聖契約，廣受大眾與諮商師的喜愛。

潛意識

潛意識，有分個人潛意識（情結），以及集體潛意識（原型）。

個人潛意識（Personal unconscious），專屬於個人生命的經驗。在生命中發生的事件都會蘊藏在個人潛意識之中，這為個人做服務、與個人經驗較有關的，我們稱之為「情結」（Complex）。像是對某件事情有情結、或者對某個議題狀態抱有一種情結，例如：自卑情結。

集體潛意識（Collective unconscious），是由整個文化社會形成、是所有人共同的經驗，我們稱之為「原型」。換句話說，原型是一個集體共有的「角色」概念，源自於我們的祖先傳承，是世代相承的，例如：母親。基於不同的文化脈絡，在同一個原型裡，會有著不同角色樣貌的展現。

個人無法離群索居，總有不少時刻得進入社會群體中參與各種活動。在不同的人際互動裡，便會因著與不同人物的互動，而激盪出自身不同的樣貌。因此，個人潛意識與集體潛意識這兩個部分，也有著互相交集重疊的區塊。

當兩個人的個人潛意識區塊交集越大，意味著彼此的集體潛意識相互涵蓋的範圍越廣，同頻共振或交融的感受就會越有共鳴，無論正面或負面經驗都是，「原型」本身就是中性概念。

因此，我們的有些面貌，會在某個關係中才呈現出來，在遇到某個人之後，自己就會變成那個樣子。

原型卡是潛意識的訊息

七十四個原型，象徵「集體潛意識」的七十四種角色樣貌。抽牌的過程，就是使「集體潛意識」加以「意識化」的歷程，藉此找出當下最需要的訊息，連結回「個人潛意識」的情結，以獲得更多對自身的探索與理解。

而十二個宮位的神聖契約原型，則是要從七十四個集體潛意識中探索，抽出十二個當下最需要回應的靈魂訊息，並且進一步地在個人潛意識及生活脈絡中進行理解。

光明與陰影

凡事都有一體兩面，光明（Light）與陰影（Shadow）並不是絕對的單一狀態，而是兩者同時存在的。

有光的地方就有影子；有影子的時候必定有光的同在。

當我們面向光，影子就在我們身後，與我們同在。

當我們面對自我的陰影時，光也同時正在背後照耀著我們。

在《榮格心靈地圖》[3]一書中如此解釋：「陰影是我們向光而行時，平行投注在我們身後的影像。與其對立的是人格面具（Persona），是取羅馬語中演員的面具之意，他是我們面對周遭的社會時穿戴的面皮。」在無意識當中的陰影，常常會透過「投射」的方式投射到他人身上。

陰影是隱藏的、在我們身後的、在黑暗中的某些心理特質或品質，也就是那些自己不喜歡的部分、無法接受的自己，或者是過去的痛苦經驗與創傷。這些儲存在陰影中的「記憶」，正是容易被別人踩到地雷的點、也是容易被他人激怒的區塊，而當這些「地雷區」爆炸時，就是一個陰

3 *Jung's Map of the Soul*，菲爾．柯西諾（Phil Cousineau）著。梁永安（譯）（二〇一〇），立緒。

影被投射出來的重要「訊號」。

倘若我們持續「忽略」這些投射與陰影層面，讓自我防衛與不成熟的心理牽著走，我們就會落入一些自己都不想看見的局面與原型角色，例如：受害者、破壞分子……等受苦的角色。

假如陰影的特性有某種程度被意識覺察和整合，那麼當事人便會非常不同於常人。

我們藉由自我覺察，可以將這些投射出來的陰影地雷好好安頓，用成熟的方式看見、理解、接納並且重新詮釋，找到新方式來回應自己的生命。

CHAPTER

2

原型卡基礎概念

尋找答案的路徑

認識原型卡

有關原型最美好的發現，就是他們會讓你領悟到「共時性」（Synchronicity），也就是讓你覺知到生命中出現的徵兆、象徵、充滿意義的巧合，並且讓我們立刻注意。他們會告訴你該停止、前進，或者按兵不動。

不過，無論你直覺感受到的指令為何，你都需要傾聽。注意這些徵兆所帶來的祝福或警訊會為你帶來深刻的力量，隨之而來的就是生命中一個又一個出現的奇蹟。對我來說，發現原型就是這樣的奇蹟。認識凱若琳是另一個奇蹟。我希望對你也是如此。

——克莉絲汀娜．卡莉諾（Cristina Carlino）紐約，二〇一二

本章彙整了我在各種牌卡媒材的個案經驗與教學經驗，加上對心靈原型卡的熱愛及心理諮詢的理解，共整理了五個重要的特色來做切入。

一、奠基於榮格心理學

談到心靈原型卡，第一個我們必須要認識的便是——他是藉由深厚的「榮格原型概念」之心

理學基礎，所發展出來的一套工具。

在其他系統的牌卡裡面，往往沒有那麼強調心理學的基礎，很多都是畫家自己繪圖出版，或是自己接訊息，也許有了一些靈感（或靈訊），然後就把文字給書寫下來。因此，當開始在接觸各種不同的牌卡之後，你們就會發現，其實每一套牌卡都有著各自不同的特色，還有不同的發展主軸。

心靈原型卡是我見過少數在心理學架構上非常清楚，而且在生活情境中還可以直接運用的一套工具，其所談論的原型角色非常生活化，這是一個很重要的特色。

很多人在學習原型卡時，會不太知道怎麼去詮釋和定位「光明屬性和陰影屬性」。其實你們可以把他簡單地如此區分——光明就是比較正向的、比較被大家所認同，覺得「那樣子的特質比較好」的優點。

換句話說，陰影就是比較負面的一種狀態、也是較負面的特質。這種所謂的負面特質陰影，我個人喜歡用「比較不平衡」來解釋。

因此，當我們在身心靈各個方面都比較平衡的時候，就會比較容易活出這一個原型的光明面。這也就是我常常在講馬雅圖騰的時候，會說：「這比較像是這一個圖騰當中比較正向的、有到位的樣子，也就是活出了這個樣子的力量之時會產生的一種現象。」這是其光明跟比較平衡的層面。

至於陰影的部分，既然我們會稱之為「陰影」，表示他就是內心裡比較黑暗、陰暗的一面，這些陰影的部分都是在一個原型中，較不平衡的地方——也可以說是失衡。這種失衡的現象，在陰影裡面就會有一種能量太多或太少的狀況。

原型的光明與陰影範例

接下來，我們從舉例來切入「母親」的原型，繼續談談光明跟陰影的概念。

當我們想到「母親、媽媽」這個角色的光明面，大部分都會想到一種比較滋養、有愛、溫暖、很會照顧人的形象，像這樣的一種現象，比較是光明屬性。

那如果是陰影呢？他會比較表現出負面的部分，如果我們用太多或太少來講的話，例如：現在是一種過多的狀態，會怎麼樣？

「太多」可能就會讓人變成一個碎碎念的媽媽、很喜歡掌控、過度地控制小孩、過度關心，讓孩子沒有自己的空間，或者是給了太多愛，都快要把孩子淹沒了。如此，小孩會感覺到窒息，太多的給予，有時候會讓人喘不過氣來，這就是過多的狀態。

過少呢？「過少」的這種現象，以照顧者的角色來說，我們會形容她比較不關心小孩，或者冷漠，好像在放牛吃草一樣。

所以，談到陰影部分我們通常會覺得，要不就是哪個特性太多或哪個特性太少；光明屬性則是比較平衡的，比較往正向跟優點的體現，在這個社會上，會認為這樣子的狀態是比較容易被認可的。

在關係中常有的照顧者樣貌

之所以特別拿「母親」這個角色來作舉例，是因為這個原型與我們最密切相關，而且大家在學習時比較容易想像。在觀看母親原型這樣的一個角色時，我們常常就會發現，我們無論身處在什麼樣的關係，都很容易會呼應並連結到這樣的角色。容易會變成「照顧者」（媽媽）的樣子，想要去照顧對方、伴侶或朋友（孩子）。

舉例來說，在問自身跟伴侶之間的關係時——例如：你是老婆的角色，想要問自己跟老公之間關係上的問題，就還滿容易會出現「母親」這個原型喔！

我們來想想看，母親的原型如果放在伴侶關係、戀愛關係裡，那會是一個什麼樣的情人、老婆呢？是不是就會有一種覺得要很照顧對方、希望對方聽自己的話的感覺，或者對待對方就像照顧孩子一樣。

我很常聽到，許多人在夫妻關係裡面，特別是身為太太的一方，都會說她家裡不只有一個小孩，她老公其實是她的另外一個小孩。如果要說這個樣貌的一種原型的話，我就會覺得這個太太的角色還滿像這個「母親」的。

假使你以後在問任何你跟某一個人之間的關係時，抽到了這張牌，你就可以往這個方向去自我覺察、去探索一下——母親讓我想到什麼？我自己在這個角色裡面，又是怎麼去活出如此的母親形象？我跟他之間如何互動？他像我的孩子嗎？

這幾個關鍵的問題，都是我們跟對方談論當抽到「母親」這張牌的時候，可以怎麼去探索我們自己的很好的切入點。

二、對應十二宮位

原型卡的第二個特色，就是原型的概念可以跟「**神聖契約**」一起配搭使用。在中文版的心靈原型卡套組中，有一個神聖契約桌巾，在這個桌巾上印的，就是心理占星的十二宮位之圖，這個圖共分成了十二個不同的面向，你可以抽十二個原型牌卡來對應宮位。這些對應宮位的牌卡在我們的生活當中，就代表著所對應的十二個不同的生活面向，這是原型卡的一個很重要的特色，我們將會在第三章做進一步的介紹。

在其他的牌卡系統裡，比較少會直接對應到十二宮位的主題。這是一套全方位的生命藍圖，所以這套工具又叫做「**靈魂契約／神聖契約／靈魂藍圖**」。簡言之，就是藉由這個心靈原型卡十二宮位的面向來設定，探索自身生命的藍圖。

這是原型卡一個很重要的特色，擁有十二宮位的全方位主題，可以互相搭配、分析。

三、對應七十四個人格的特質

第三個特色是，原型卡有對應到七十四個人物的角色，這些人物角色有許多是跟「職業類別」相關的特質，例如：教師、療癒者、工程師、藝術家……。

在原型卡的使用上，並非一定是要你「做這項工作、職業選項」，更多是這個原型的「**人物角色與其相對應的特質**」可以如何發揮。

例如，工程師可能代表細心與耐心，以及找出系統化流程、整合系統的組織架構能力。因此，當抽牌者抽到工程師時，一樣可以應用在不同的職業工作中，只要將該工程師的特質加以發揮，回應到原本的工作職業裡去探索即可。

我們常把原型卡應用在諸如職涯的探索、生涯的探索、職業的探索上，或者是尋找他的天賦、特性，看他可以往哪個方向去發展。

用在剛才的十二宮位的對應上面，你就會看到，你此生靈魂的舞台、你最高的潛能，以及你在工作當中設定了什麼樣的角色——這樣的角色常常會給你一些提醒跟建議。所以這也是在心靈原型卡裡面最有特色的地方，是把七十四個人格的角色跟特質都寫在下面，並設定了七十四個不同的人物特性。

四、透過圖像直覺解牌

在每一張原型卡上面，除了一個原型標題之外，中間還有一個代表該角色的圖像，這是一個很重要的象徵原型圖。

我們往往都可以藉由這個象徵的人物圖像去做更多的聯想，所以不用死背、也無須硬記。你想知道這個人物角色到底是一個什麼樣的狀態嗎？我們只要看著中間的圖像，對應該角色基本的故事，經由看圖說故事，就可以做出一番很好的解析。

由於可以透過圖像，直覺地看圖說故事，相對地在使用這套牌卡時就會變得容易很多，讓你不需要死記他，畢竟其實這麼多張牌也背不起來。但你在看到圖之後，大概就會有一個直覺，透過慢慢將之描述出來，那個直覺便會越來越透徹完整，你也就會有更清晰的了解。

再者，透過圖像的方式來直覺了解牌義，就更能發揮想像力跟創造性，你的聯想能力將會大大增強。因此，如果你的聯想能力是擴散性思考比較強的，就會比較容易使用這些牌卡工具。而在使用這些牌卡工具的時候，你也會發現當你的想像力越豐富，在說故事的時候，就比較不會卡住；或是你在問問題的時候，也會更容易上手。

因此，在原型卡的切入角度上，能夠透過圖像用直覺的方式來了解其牌義，也是很重要的一個特色。

五、跳脫光明與陰影

第五個特色是跳脫二元性，每一張原型卡上面都有光明屬性Light、陰影屬性Shadow，原型卡上光明與陰影這兩個特性是同時並存的。

很少有牌卡是像這樣同時在同一畫面又有光明又有陰影，而且其實非常多的牌卡是直接呈現單一種面向，就是正向或負向的圖畫。

當我們在運用那些比較負面的牌卡的時候，就要多花一點時間跟精力，去幫助對方「去逆轉正」。

當他本來是屬於逆的、一種比較負面的狀態，我們要協助他去轉向正面，我們就會去問抽牌者：「在你抽到比較負面的狀態裡頭，你覺得你想要學習什麼？或是想要克服什麼？你想要朝向一個什麼樣的狀態前進？」這些是遇到一個比較負面的牌卡時，我們所會運用的一個提問句跟引導。

至於另一些比較正向的牌卡，其實也是非常多種類的。有比較正向肯定句；或者像現在許多牌卡都帶有一種比較鼓勵式的呈現，鼓勵大家可以更有力量或是看到自己的一些希望，現在坊間許多的牌卡、左西販售的一些牌卡，都是跟這種正向肯定的能量是有關係的。

當我們在看這些牌卡時，比較少見的是同一張牌卡上面就同時並存著光明和陰影的狀態，這也是一個我非常喜歡原型卡的一個原因之一，因為他是含括一體的兩面，他不是一定要像塔羅一樣來做占卜，非要看正或者逆，論吉凶或者是好或不好。

因此，在心靈原型卡的使用上，我們會試圖用跳脫二元性的方式，讓兩者同時並存地去看這張牌卡到底要給我們什麼樣的提醒跟建議，這是他第五個很重要的特色。

原型卡應用

總結原型卡的應用特性，我們可以簡單這樣去理解——

◉光明面：平衡的，正向、被社會肯定接受的、獲得較多滿足的。

◉陰影面：失衡的（太多或太少），害怕、無法面對的、展現太多或過於缺乏。

例如，母親的原型就可以如此解讀——

◉光明面：愛、溫暖、滋養、照顧。

◉陰影面：太多，呈現碎碎念、控制、令人窒息的狀態；太少，呈現過度冷漠、放牛吃草、不管教的狀態。

解牌小技巧

1. 用圖去解釋，而非直接用文字。
2. 圖可以自由聯想、用生命經驗引導與解讀，帶出光明屬性。
3. 陰影部分用太多或太少的概念去理解，就相對容易了。

牌卡心法

原型卡的牌卡心法，包括了對「共時性」的理解，以及對「精準度」的增強和掌握，接下來將為你一一說明。

共時性

無論是不是心靈原型卡，你在使用其他不同的牌卡時，也有一點很重要的，就是要去了解使用牌卡的基本概念。所以，接下來我們要談重要心法的第一點，也就是共時性的現象。

共時性即「時間的同時性」。

在《榮格心靈地圖》中，對此概念有一解釋——榮格提到，「共時性」被定義成心理與物理事件的有意義巧合。例如：飛機從天空墜落的夢，第二天就出現在收音機的報導中。夢與飛機墜落間並沒有已知的因果關係存在。榮格推定這類巧合的基礎，是建立在產生心靈意象及物理事件的組合之上。兩者幾乎在同時出現，而兩者間的關連是非因果關係的。只是兩個事件——心靈與物理的——在時間上的巧合罷了。

榮格在一九五二年的時候，便提出這個共時性的原理，那是他提及此概念的第二篇論文。他

第一篇論文有談到的共時性的現象，其實在之前就已經發表過了；而在第二篇一九五二年的論文中他又更增加了對「共時性的現象」之闡述，他相信這個世界上、在這個宇宙當中有更多這種靈性的力量，而看不見的這些現象，其實都是有一個共時性的頻率存在的。

講到這裡，如果之前有上過我的課程，或看過我的《星際馬雅十三月亮曆》[4]，應該對共時性的現象並不陌生。因為我們會一直不斷地在講說——很共時、很巧妙的呼應；什麼跟什麼很共時……。或者說到今天是什麼日子，比如說是「自我存在白狗」，然後你就會發現有很多很溫暖的、很多愛的現象，包括：一直在收禮物；收到很多愛的溫暖的訊息；被鼓勵、被鼓舞、被愛、有人跟你表白、有人跟你說感謝、路上遇見白狗，這些其實都是一個共時。

何謂「共時」？

在榮格的心理學學說裡，他強調，當A事件跟B事件，這兩個現象或狀態在這個世界上發生，如果能夠找到一個「有意義的連結」，把他連結起來，為A跟B的串連性，找到一種同質性，找到一種可以相關連的解釋，解釋出來其實他跟他是有關係的、是彼此呼應的——無論是A引發B，或是互相引發，這已無論前後順序了——當這兩個現象同時發生跟同時並存，或者近期內一直出現相同的訊息，一定就是他們兩者之間的頻率是同頻的。

A跟B是同頻的，所以同頻共振，同頻才會共振。我們可以進一步地思考，這兩者到底是以什麼樣的狀態共振的呢？這樣事件的存在與發生，他的意義、他的連結、他的詮釋、他的現象，解釋起來為什麼會有關連呢？究竟有什麼樣的關連？

這個就是榮格提出來的共時性的現象。他認為A跟B的發生，彼此之間產生了一種連結，而且是有意義的。**存在必有其意義**——這樣的存在、這樣的一種發生，也肯定是有其意義的，如果事情沒有意義，那是不會存在也不會發生的。如果你要把某兩件事情、毫無相干的事情兜在一起卻又兜不起來，找尋不到一個詮釋點的話，榮格就會說，這就不是共時性了，那就是獨立的A與獨立的B。

找到有意義的連結、同質性、相關彼此呼應的解釋。
心中想到什麼，眼前就看什麼，一種默契跟心想事成。
抽牌者A想著某事，左手就抽到B牌，巧妙呼應心裡在想什麼。

共時的生活現象

接下來我要解釋幾個例子，說明什麼是共時。最白話的解釋就是，當我們心裡面想到什麼的時候，你就會看到那件事情出現在你眼前。比如說，你剛在跟朋友討論說，最近要換摩托車。你說：「來換個gogoro好了，gogoro究竟有什麼樣的型號呢？應該要去gogoro的專賣店看，對吧！」當你跟你的朋友坐在某一家店裡如此聊起這件事情，突然發現這家店門口的騎樓剛好停著你想要看的兩台gogoro的型號。這時你的朋友就會說：「哇！這也太共時了吧！才剛講到gogoro要去哪裡

4 陳盈君（著）。（二〇一九），地平線文化。

看，沒想到就在騎樓看到了兩台gogoro，還是你想看的兩個不同型號。」像這樣子的一種共時性現象，其實在我們生活當中常常發生，如同上面這個非常生活化的例子。

當然，更生活化的我們就會講說——共時其實裡面也包括了一種默契，或者是一種心想事成。你才想到什麼樣的事情，那件事情就發生了；你剛想到哪個人，那個人就突然line給你，或者就突然打電話給你，甚至是就出現在你眼前；你可能想要找一個什麼樣的東西，本來你可能買不到、找不到，但當你一動這樣子的念頭，剛好這個狀態就發生了。

簡單來說，A跟B同頻共振，A就是你本人，而B就是你想要尋找的或你想到的這個人事物。他真的就是跟你同頻共振，被你召喚出來了。

共時的抽牌現象

談到這裡，就請大家思考一下，牌卡對我們來說的共時性現象又是什麼呢？

當我們是抽牌者（A），這會引發你內在的一種心理狀態頻率。比如說你正在提問一個你困擾已久的問題：「究竟那個東西，我要不要買？」或是「究竟我跟某人之間的糾結跟情緒，到底是要我學習什麼呢？」此時，你心裡面可能正好正在煩惱某一件事情，或者是跟某一個人之間的困擾。在這樣子的狀態下，我們透過洗牌，然後抽牌，以尋求解答。而因為你的這個困擾狀態，同頻共振引發你的手（通常是左手抽牌）去抽出了某一張牌，這張牌剛好巧妙地解釋跟呼應了你現在內在所發生的一個現象。

換句話說，A就是你，B就是那張牌，A跟B開始去尋找一種有意義的連結。讓你知道——

喔！原來我跟這個人之間的困擾跟糾結，是因為我內在的某一種原型、某一個角色，所以才造成我在這件事情上面的執著、不願意放手。喔！那我就懂了。

講到這裡，大家可能會覺得聽起來——這不是一種「神準」嗎？

確實，就是我們講的，抽的牌很準。其實這個「很準」的感覺，就是榮格講的「共時」。我們在此用一個比較心理學的專業名詞來詮釋他，而不是只有說：「喔！準啦！超神準！」然後一頭黑人問號，也不知道為什麼會準。

當你在使用牌卡時，你的朋友抽到一張牌，他看了之後說：「好準！」接著問你：「為什麼會這麼準？會不會其他的牌沒有那麼準呢？」如今，你可能已經開始慢慢地了解這是有其心理學基礎的，你可以試著跟他解釋為什麼會準，而不是落入怪力亂神的神神叨叨現象，因為這就是一種同頻共振的吸引現象，在榮格心理學裡，這被稱為「共時性」。

精準度

接下來讓我們延伸這個共時性的現象，繼續往下看看「精準度」。

提問的意念透過發出頻率抽出那張牌

共時在談的就是一個超高的精準度。當你在抽牌的時候；當你很堅信這副牌卡能夠被你拿來運用，他某一部分就會有一種很強烈地跟你內在開始產生連結的一種頻率。

也就是說，當我們提問，心裡面發出一個「我想要抽牌，我想要詢問牌卡，我想要去了解究竟這張牌要給予我什麼訊息跟建議？」的訊號時，這一套牌就開始跟你的內在心靈起了一些頻率的共振。而當你問問題、洗牌，你就會開始把這樣的能量投注在牌卡裡頭，於是牌卡就剛剛好精準巧妙地把你現在內在必須要探索、必須要去了解的、必須要去揭露出來的這些訊息跟現象，讓你看見。因此，就剛好會有一張牌被你抽到，而那就是你現在，在整套牌裡面最同頻共振的一張牌。針對你所提問的問題、現在內心的心理狀態；你的所知、所感、所想，這些所有的狀態，這張牌就是最跟你同頻共振的。

所以，牌卡不可能不準，一定會很準。剛才說存在必有其意義，既然會被你抽到，他就一定有一個現象場。當一種同頻共振的頻率在那裡，他就會被你翻出來，並且在你內在找到一些相呼應的地方。所以，精準度絕對是有的。

當然，有很多人會喜歡討論，這是不是機率的問題。我認為機率當然是一個解釋的面向，但我自己比較喜歡用共時性，用「存在就有意義」的這種頻率跟能量的狀態來做詮釋。在這個世界上所有的東西都有頻率，只是差在頻率高、頻率低——所有的物品、所有的人事物、所有的狀態都有其頻率的，不管他是會動的或者是不會動的。

既然有頻率，在共時性的現象上面，我們就可以更清楚地知道，你現在的頻率跟什麼樣事情的頻率會同頻共振——你這個人的頻率狀態，跟什麼樣的人的頻率狀態會同頻共振；你這個人會碰上什麼樣的事件，或者是你會上什麼樣的課，絕對也是同頻共振的。只有同頻共振才會物以類聚，才會互相吸引。

會是你的牌，就是會被你抽到。
不是你的牌，一輩子都抽不到。

講到這裡，我們就可以解釋你在使用所有牌卡工具的過程當中，一個最重要的心理狀態跟心理概念。唯有如此，你才能夠強烈地、堅定地相信，其實你抽到的牌，一定都跟你有關。

為什麼呢？因為共時、因為存在就有意義。會被你抽到的就有意義，因為你跟他共頻共振。所以精準度這是絕對會有的，牌卡不可能不準，會是你的牌就是會被你抽到，不是你的，你一輩子都抽不到喔！

這也是為什麼，在使用牌卡時，很多比較有經驗的人，可能就會發現，怎麼抽來抽去都是同一張？明明一整套牌有幾十張，每天抽卻好像幾乎都是抽到同一張，他就是會一直跑出來，讓人覺得很奇怪。也不是自己的牌沒有洗乾淨、抽牌時在心裡也是很虔誠很開放，怎麼會一直抽到同一張呢？這就回到我們剛剛所講的，因為你的頻率就在那裡，你的狀態就是這樣，所以你會一直不斷地抽到同一張，或某幾張牌。

有時候甚至一整套牌裡面有很多張，但你可能買那套牌到現在，從來都沒有抽過某些牌。我自己其實也是這樣，有非常多的牌都是這樣，抽來抽去就是拿到那麼幾張，甚至某一陣子更是。這是因為你的頻率狀態就是那樣，可能剛好你又遇到了某些事情，而當你要針對某些事情抽牌的時候，就更是這樣了。當你的狀態是那樣，你就會抽到那樣子的牌，即便不同張，他很可能講的也是同一個方向、同一件事情、同一個建議。

不準？先入為主

到這邊，相信你已經可以比較清晰、堅定地知道，牌不可能不準。就算常會有人說他去哪裡算命，算了什麼牌，他覺得那個人不太準。但我會覺得，牌卡本身並不會不準，不太準的通常是解讀者的引導方式。如果他的切入點沒有精準地呼應到你內心裡所想要問的問題，或者他帶入的面向不夠深入、他講的答案有可能跟你心裡面想的不一樣時，你就會覺得不準。

其實說穿了，有滿多人都是這樣的。當你去問一個問題、去抽牌的時候，因為心裡面都會有所期待，你就會期望說，希望等一下牌卡會冒出好的，或者會是一個什麼樣的答案。然而，如果抽到的牌卡不如你意，其實這就是所謂的「期待落差」，會讓你有一種認知失調的失落現象。

在這種狀態下我會說，那是因為你在這個問題上，早就已經有自己的一個成見了，你想要把心裡面的答案，直接複製、投影在你抽到的牌卡上面，好讓自己更有信心地期待。因為如果當你是這樣想的，而抽出來的牌卡也剛好這樣說，你就會覺得好像找到了一個驗證或獲得了背書。

可是事實往往就不是這樣，如果真的是這樣，很多算命師、塔羅老師都不用混了。我們常常自己想要的問題的答案，都會有盲點的。如果你是帶著那樣的心理期望去抽牌，也常常抽到不是如你意的答案的話，你就會感覺有點失望、期待落空。你就會覺得說，為什麼他講的跟我想的不一樣！

重點來了，這就是我帶領心理諮詢課程、心理諮商督導工作時，我常說的。有上過我的課就會知道，這就是心理諮詢、心理諮商跟一般的算命、算牌最大的差別。

差別在哪裡？從算命的角度來說，他看到牌翻出來是這樣，就會直接跟算命者講說：「你不應該跟那個人交往，但你偏偏要跟對方交往。那牌就是說不好，要你們不要交往。」然後，算命師就會看到面前的苦主很痛苦，因為他很想要跟那個人交往，可是抽出來的牌不是這樣說，自然就變得更痛苦了。而且就算這樣，他還是會很希望再繼續抽，看可不可以抽到好的結果。

繼續真的會抽到好的結果嗎？我不知道。但是，有些算命就只會停在這裡，算命師會告訴他答案，說：「這件事就是這樣了。」就是一種已經得到結論的論斷了。

抽到的牌如「相」，運用來探索更內在的世界

算命，並沒要帶你走入內心。諮商，就是要讓你往心裡去。

不同於算命，心理諮詢切入的重點有一個很重要的部分是，當我們看到這個牌卡被翻出來——他是一個象（相），就像是一個卦象一樣。這個象（相）被翻出來，他呈現了某一種訊息。而這個訊息，我們就把他當做是我們與之對話的一個素材。

以上面的例子來說，心理諮商的說法可能是：「喔！我看到你心裡面其實是很期望能跟這個人繼續交往的。但是，剛剛抽出來的牌跟你解釋了之後，感覺好像跟你心裡面想的不一樣，感覺你是很失望的，是嗎？」

「那你要不要說說看，為什麼你還是想要跟這個人繼續交往呢？」

「想要跟他繼續交往究竟是什麼狀態，是什麼樣的現象？有什麼樣的原因？你心裡面在想

些什麼？你心裡面感受到些什麼？你心裡面在期待些什麼呢？」

「看到這張牌，你又有什麼樣的感覺？是失望嗎？是傷心嗎？是覺得沒有被接住、沒有被理解，還是鬆了一口氣呢？」

突然之間，他會「哇——！」地一聲，恍然大悟。

這時候，他就會開始探索自身的更內在，直接進入內心裡，往心裡面走了。

簡而言之，算命與諮商的差異就是——算命是沒有要往心裡面走的；但，諮商、諮詢、引導，是要往心裡面走進去的。

因此，我們會透過這些牌卡告訴被諮詢者說：「對！這張牌卡就是你的牌，無論你剛剛是隨便抽、認真抽，還是虔誠地抽，或者無意識地就抽一張，他都是非常精準的。那我們就一起來探索看看吧，如果你願意的話。這一張牌他已經被你抽到了，一定是有什麼樣的訊息要告訴你的，你願意嗎？那我們就一起來探索吧！」

原型卡的功能與效益

原型卡旨在幫助被諮商者對自我人格特質的察覺與檢視，甚至未來人生發展、關係互動覺察上，都有很顯著的效果。

我們可以從七十四張原型卡裡了解自我內在的潛藏特質，發現原來在無意識的行為表現底層，可以透過原型意涵的詮釋，明白自己如何聚焦於生命的各種面向。經由原型卡的引導，更能夠覺察自己人格面向與心靈狀態。

學習原型卡是「**為了覺察自己內在的把戲**」，所以，這套系統就是協助我們「看見自己內在的腳本」。在二〇二〇年，大家都感受到世界的劇變與動盪，順著這波能量流，原型卡這個系統更能協助大家去認清自身腳本、翻轉腳本，並轉換你的劇本。

你過去都是用什麼方式在生活呢？

你一直在寫著什麼樣的人生劇本呢？

現在，你可以好好地來探索一下，你可以用什麼樣的方式來翻轉自己的劇本。不需要再用過去那樣子的原型跟模式，而是用現在新的理解、新的看見。甚至可以探索接下來，我們可以用一個什麼樣的原型角色，以新的高度來重新理解你生命當中所有發生的事情。你的靈魂要給你的一個課題、要給你的戲碼、要給你的劇本，都可以從中去破解。如同剛剛說的，學習原型卡有一個很重要的部分，就是如何覺察你內在的把戲。

為此我幫大家做了一些整理，這些是我覺得原型卡很重要的特色，我把他分為三點。

覺察內在的慣性

第一個是「**覺察你的慣性**」。

很多人都受到集體潛意識的影響，而這些互動、模式、習性，其實都潛在我們內在、在我們內心、在我們的ＤＮＡ裡——這也就是我們常常會有的一些根深柢固的所謂「信念系統」，這個信念系統其實就是我們的原型。

比如說，你總認為人一定要很努力、很認真，才會有收穫。所以，當你很努力、很認真的時候，這就是你的原型。於是，當你看到別人很輕鬆，卻收穫豐碩，你就會覺得：「怎麼會這樣？」而也因此，當你自己很輕鬆時，你就會渾身不對勁，然後開始把自己搞得很累。你覺得要讓自己很累、很有事，你才會容易成功，這個其實就是一種原型。結果當你很輕鬆的時候，你就開始破壞自己的輕鬆。

從這套原型卡課程裡面，你會看到你都在怎麼搞你自己；你都是怎麼拿石頭砸自己的腳；你都是怎麼破壞自己，當這個斷送自己幸福的人。

我之前在內地教這堂課的時候，由於他們有很多集體潛意識的悲情情結，有好幾個同學在第一堂課就開始哭，我一邊講，他們就一直在哭。因為原本實在是太苦了，終於獲得解脫，終於獲得救贖。

看見原型模式如何影響自己

第二個原型卡的特色是「**看見自己的原型模式，是如何影響自己**」。第一步是覺察，你要發現——這是我的習慣、這是我的慣性，原來我一直在扮演受害者；或我一直在扮演哪種拯救者，一直很想要救別人。

第二步呢？在發現之後我們就要繼續看，這個原型是如何影響自己的。而不是說，光發現就夠了。發現有受影響，然後就一樣繼續被影響。在第一步發現影響之後，第二步就要知道是如何影響的。

原型卡是我見過，最能夠讓我們深刻了解人性的一套工具，他就像是剝洋蔥一樣。他不太像是天使卡，因為天使卡就是很有愛心，不管怎麼樣通通交給天使，不用擔心、天使會幫你解決所有的一切。相較之下，原型卡是比較犀利的一種，但他可以有效協助我們看見這個原型是如何影響自己的。

看見怎麼跟別人互動

第三個我覺得很重要的特色就是「**協助我們去看見怎麼跟別人互動**」，他不只是影響自己的生活狀態，還影響到自己的成功與否，影響到自己能不能夠有目標地朝著自己想要的前進。

在這階段你會很驚訝地看到——原來我都是用這樣的方式在跟這個人相處；原來我都是用這樣的行為模式在欺負那個人；原來我都是用這樣的狀態在跟那個人討愛。喔！原來，我跟他相處之間是這樣子的一種互動關係。

以上所說的三個層面，都是我覺得很重要的。如果有人問你，學習這套工具本身最大的效益是什麼，我們要可以說得出「覺察你的慣性」、「看見如何影響自己」、「看見如何影響跟別人的互動」這三點。

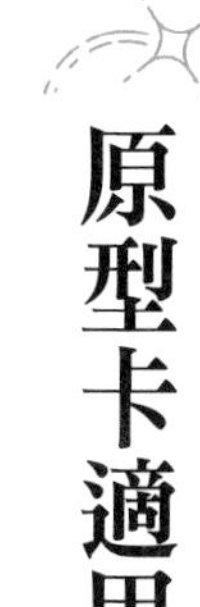

原型卡適用範圍

這套牌卡究竟適合用在什麼樣的地方？

個人探索當然絕對是適用的；還有用在所謂的「靈魂藍圖」的探索，非常適合。

他也用在「關係諮商」跟「伴侶諮商」，我在後面章節以及原型卡進階課的時候會先解釋牌陣，讓大家練習解牌，這非常適合犀利地解答關係當中的原型模式。比如說，有人會直接來問我自己跟老公之間的原型。

再來是，「生涯諮商」、「職業輔導」等，一些職業領域的探索，甚至包括學生、孩子、青少年等等都非常適合，不論想要選填志願、找工作、探索自己，這副牌卡都是非常適用。因為裡面包括了一些天賦跟潛能的開發，無論是運用在個人或是團體都是非常棒的！

最後，我將原型卡的特性與適用情況整理如下——

❶ 能增加自我覺察，發現自己的行為模式。

❷ 深刻地剖析人性，能對人性有深入了解。

❸ 很鼓勵從今天開始進入牌卡的領域，每天可以寫牌卡日記。

❹ 請你們好好地運用，把想像力拿出來，想像力就是超能力，用圖像直覺的思考，帶入自己的好奇心。

當我們開始對很多的事情感到好奇、對原型感到好奇。更重要的是，你也對自己的生命開始感到好奇，這樣我們才能夠與來到我們面前的親朋好友，一同探索美麗的生命故事！

●章節總整理

（一）學習功能——翻轉腳本、轉換劇本

1. 覺察慣性：集體潛意識影響互動模式慣性
2. 看見自己的原型模式是如何影響自己：最深刻了解人性
3. 看見自己的原型是如何影響與他人的互動：看與他人的關係

◎學習原型：覺察自己內心的把戲

（二）適用範圍

1. 個人探索、靈魂藍圖
2. 關係諮商、伴侶諮商
3. 生涯諮商、職業輔導、自我探索、天賦潛能開發

（三）學習要點

1. 增加自我覺察

2. 剖析人性、增進人性了解

3. 書寫心靈原型日記

4. 想像力、圖像直覺、加入好奇心

檢視自己的神話和檢視自己的身體，
同樣是維持良好健康所必須。

CHAPTER

3

原型卡整體運用

挖掘內在

「四大原型」與「四大元素」

在凱若琳．密思博士的原型卡分類裡面，她強調有四大類原型，是人類所共有的原型，也是最常出現在生活中的樣貌。

這四大原型分別是——

◉孩童（Child）

◉受害者（Victim）

◉妓女（Prostitute）

◉破壞分子（Saboteur）

我對原型卡也有自己的分類方式，是以「火、土、風、水」四大元素架構將七十四個原型進行分類。這個四大元素的分類方式，是我自己的獨創分類法，與凱若琳．密思博士的分類法不太相同。由於我自己非常喜歡用四大元素來做原型的分類、分析，並也用以理解一個人，所以我也將原型卡做了這樣的一個重整。

在第四章裡，你會看到的分類架構，就是將「同一組元素的原型」安排在一起，如此一組一組地說明來帶領大家進入，會比較容易去理解這些牌卡原型；這比起一張一張獨立的散開講解，會更有結構性並能完整地理解每一個元素的力量。

在原型角色裡，其實都是非常無意識的能量。他已經不是一種表面現象，也不一定是我們能夠覺察得到的狀態——當然這跟你自己的覺察度有關，如果我們對自我的探索跟觀察度比較高的時候，無論是光明還是陰影，我們都會去感受自己無意識或有意識地去選擇那樣子的原型跟角色。例如：「破壞分子」或是「受害者」，會有一些自我攻擊、自我破壞的行為，就是在我們生活裡，常常會無意識選擇去做的一種模式。有時我們心裡面其實並沒有意識到這些事情正在發生，但是透過抽牌，他就像是一個很好的觀照、自我觀察，可以去看見有哪些無意識的狀態，正在影響自己。

接下來，我要先為大家介紹針對身心狀況、情感、關係或人格特質探索，最基本的牌陣運用；以及神聖契約盤（Sacred Contract）、十二宮位的詳細解析。只要了解這些牌陣位置的代表意義，參考牌面圖像直覺描述，再藉由第四章的牌卡引導、解牌者個人經驗及直覺來做更貼切的描述與解釋，就可以一窺你靈魂之約的解答。

基本運用

在使用原型卡之前，要先知道解讀運用的基礎知識——除了個人生命神聖契約中的十二個主要原型，每個原型都有可能在個人面對當下各種生活狀態時浮現出來。

下面將介紹幾種運用方式：❶身心狀況的檢視（三張牌）；❷感情與關係狀況的檢視（四張牌）；❸簡易的人格探索（兩張牌）；❹單張問題了解。

● 解讀心法

1. 鼓勵大家盡量不看書本、資料來解牌，如此可以更專心在人跟牌卡的互動中。
2. 相信自己的直覺是最好的，並且激發潛力也是好的。
3. 萬用句型：「你覺得呢？你看到什麼呢？」（讓自己回歸自身問題上）
4. 當個案詢問「是／否」是非題時，可回問對方：「你自己想嗎？」
5. 花點時間釐清案主詢問牌卡的問題。
6. 不需要用正逆位解釋牌義，因為二元已並存在原型卡中。
7. 原型卡解讀金句：遇到考驗時，就像逆行貴人出現，逼你不得不紮根。事件是來提醒你還有什麼沒有清理完的、這件事到底是要你認回你哪一塊？

身心狀況檢視牌陣

適用情況：

- 檢視目前「生活狀況」（感情或工作）是受何種人格特質影響。
- 檢視目前的「身體」問題是受何種人格特質影響。
- 檢視目前「心理」問題是受何種人格特質影響。

3
渴望的
人格狀態

2
外在的
人格狀態

1
內在的
人格狀態

這組三張牌陣，是萬用牌陣，適用於所有問題與任何主題。在抽牌時，你要注意——

❶放牌方式及順序：牌陣上標註的數1、2、3是抽牌順序，也是他的擺放位子。

❷問問題時，使用擬人化的問法：這個牌陣也可檢視目前身體狀態或是一個病症，具體一點問會是好的。例如：「這個偏頭痛要跟我說什麼呢？」（多加注意「渴望3的位子」之原型）

❸抽牌建議：先一次抽完，不需要的再收掉，之後需要再抽補充牌。

三張牌陣的個案引導歷程

◎個案的問題：詢問自己的身體狀況。

◎抽牌前狀況：個案從某年四月底在胸口處有一塊莫名的疼痛，於是我一步一步用問題去詳細拼湊出她的狀況——什麼時候開始痛？是生理還是心理造成的痛？若是生理的，是否有去醫院就診？若無，那個心理或是情感引起的痛，造成了什麼生活影響？在此之前都如何面對這種心理干擾？

經確認後，得知個案是因情緒影響造成胸痛，造成的影響是她會用負面角度看待別人，但同時也因此自我批判，雖覺察此矛盾和不適卻選擇逃避，但仍持續因此困擾，所以來尋求解答。

※教學解說：在抽牌之前，我們會先花一些時間整理個案的問題，釐清她的狀況，這樣我們才不會浪費掉這個牌陣。在我們陪著個案釐清了她的狀態，讓她願意敞開心胸之後，便能邀請她一起透過抽牌來理解背後真正的問題。

◎抽牌過程：個案洗牌後，我把牌攤開，請她用左手抽三張，依序交給我。第一張抽到「孤獨小孩」；第二張是左下角位置的「提倡者」；第三張是上方的位置的「王子」。

※教學解說：在抽牌過程中我們要注意，當個案把牌洗好拿回來之後，不要自己再接著洗牌。通常有一些人會很慣性地，在個案洗好牌之後，拿回來又自己多洗兩輪。這樣很不專業，因為個案的能量已經把牌洗到這個程度，就代表那是他的狀態。除非整個過程都是你洗牌，否則把牌交給對方洗，就要是原封不動地拿回來，然後把牌展開。

當個案在抽牌時，千萬不要在旁邊裝忙、滑手機，這樣也很不專業。我們要非常專注在服務面前的個案，看著他，注意他抽出來的牌，是不是依照順序，還有確認相對的牌陣。有些牌陣可能會需要很多，十幾、二十張牌卡，所以翻開之後，要檢查有沒有牌卡黏在一起、張數對不對，確定沒問題再把牌收掉。

如果個案不小心抽到四張牌，可以四張一起看。但是因為牌陣有他的位置，我在還沒有讓個案看到牌的時候，會問他：「這四張我們等一下都看，但是有一張你要把他挑出來。」挑出來的那一張就會變成額外補充牌，然後我們再將主要三張的順序再放回固定的牌陣位置。由於你不會知道哪一張是黏著哪一張來的，如果對方在洗牌的時候，抽出來已經是連兩張、黏在一起，這時候你就可以請他選一張了。請將牌卡全部轉正，因為是我讀牌，所以將牌面朝向自己。

◎解牌過程：個案的內在狀態抽到「孤獨小孩」，這個原型表現出孤立、不想理會他人的樣子。個案覺得可以接受，因為她選擇自我保護、自己開心就好。算是與內在和平共存。

然而她的外在抽到「提倡者」，認為有些想法和理念應當伸張讓別人知道。個案也認同這個原型，但認為自己做得還不夠，因為她內心的孤獨小孩也時常阻止她管別人閒事，與外在狀態有點衝突。我帶領她自行分辨讓自己不舒服的，是「自己的事、他人的事、老天爺的事」哪一個，讓她發現自己其實想要跳脫到事情之外、避免衝突，協助她找方法「提醒自己要有覺知」。

最後進入第三張渴望人格狀態的「王子」原型，這個原型還不成熟，需要經過練習才會變成國王。我引導她探索怎樣找到自己成熟的狀態，看她到底渴求什麼？需求什麼？並連結前方的問題，去點醒她與人互動時是否需要自己先過濾，哪些是自己要的，而有些事是老天爺的事，誰也控制不了。個案表示自己內心確實希望能像「王子」風度翩翩、包容性高，但過程中有時候會中他人之計、變得幼稚。我最後問她：「如果現在生命想要透過這樣的事情，送一個禮物給你自己，你覺得他要教導你什麼？」指引她重新省思自己的想法、看見她的矛盾。

個案發現自己其實並不想在人際的對峙上不斷消耗能量，我提醒她如果把注意力轉移去做她想要連結的人事物，那些干擾聲音就會慢慢散去，愛跟恐懼不會同時存在。當她懂得放下，現階段的課題也就完成了。

由於個案自己認為「提倡者」這個原型，有種可能讓自己又陷入二元對立的感覺，想要拿掉，所以最後又抽了一張「女神」原型。這象徵著一種行為的替換，於是我也帶領個案自己去思考，究竟要如何成為自信、漂亮的「女神」。雖然女神可能容易受到很多人攻擊，不論是羨慕、嫉妒、酸葡萄……容易被放大檢視，但她可以在有原則的狀態下，有智慧地隨心、自由自在生活。

※教學解說：解牌的過程，我們會先講解牌義，並藉由詢問和引導、對話，帶領個案自己回過頭去看清自身現在的內心、外在、渴望的狀態。並且找到現階段的課題。持續藉由提問和解牌者豐富的生命經驗分享，讓個案在一問一答中逐漸讀懂牌中的訊息，找到自己的方法與能量。

◎解牌結果：在把「提倡者」拿掉之後，個案就了解，目前的課題——那個「提倡者」原型其實是自己搞出來的。但她發現自己不應該賦予自身那樣的工作，那也不是她想要、舒服的狀態。而在整個抽牌、解牌的過程，拿走「提倡者」的動作讓她感覺深刻，她感覺找到自己的問題，然後將他拿走，換成「女神」這個原型，在整個牌陣上都自在、從容起來。原本她對周遭是帶刺的，可是換了原型之後，她的感覺轉變，彷彿只是用觀賞的角度，可以很從容、很開心地去面對所有的事情。而自從抽了「女神」把「提倡者」拿掉，她心輪的位置也就舒服多了，比較開展了。

感情與關係狀況檢視牌陣

適用情況：

- 檢視目前「感情」問題是受何種人格特質影響。
- 檢視目前「親子」關係是受何種人格特質影響。
- 檢視目前「人際」關係是受何種人格特質影響。
  - ▶可詢問「我與某人」的互動關係狀態。

1 我對他的 人格角色	2 他對我的 人格角色
3 我期待我的 人格狀態	4 我期待他的 人格狀態

這個四張牌陣，是用以檢視自己與任何人的關係，也就是「關係牌陣」。這個牌陣可以檢視自己和他人之間，不管是友情、愛情、親情間與某人的關係和狀態。

在熟悉了自己與真實存在的人的關係之後，你也可以問問自己與金錢的關係。

這牌陣裡的，四張牌顯現的狀態大概是——

◉**第一張牌**：我在跟他（對方）相處的時候，是一個什麼樣的人。

◉**第二張牌**：他（對方）跟我相處的時候，從我的面向看到的他是個怎麼樣的人。

◉**第三張牌**：在這段關係裡，如果有一個我內在潛意識、無意識或有意識到的各個方面的期望，我期望我自己展現出來的人格狀態是什麼。

◉**第四張牌**：在這段關係裡面，我希望他（對方）用什麼樣的角色與我互動。

第一、三張牌是從自己出發，位置一是看你與對方相處時，自己的樣子；位置三則是你在跟對方相處時，期待自己是呈現什麼樣子。而第二張和第四張牌卡的位置，比較像是我們內在潛意識、無意識的期待。

舉例來說，如果我要問的是跟媽媽的關係，這四張牌的意思就會是——

◉**第一張牌**：我在跟媽媽相處時，是一個什麼樣的原型角色？我跟她相處的時候，我的狀態是什麼？我是用什麼角色特質跟她相處？

◉**第二張牌**：我和她相處的過程當中，她是用什麼角色在與我應對？

◉**第三張牌**：期望。因為我們常常希望「對方可以……」但往往事實並不是如此。所以這個位置出現的原型，常常不是在我們頭腦意識層面會想到的。很多人抽到第三張牌卡時，會說：「我怎麼可能會希望他這樣對我？我怎麼可能會希望自己是這樣的原型？」特別是那種很邪惡、意象較負面的原型時。因為這不是我們意識到的層面，而是我們所不能跳脫出來面對的。比如說，我在這裡抽到的原型是「小偷」、「盜賊」，也就是我們常說的女兒賊，但可能我希望的根本是另外一種狀態。

◉第四張牌：我期待媽媽用什麼樣的角色對待這段關係。

如上所說，因為潛意識的關係，在二和四這兩張牌裡，我們常常會抽到很奇怪的牌，例如：受害者、霸凌者……，我們可能就會懷疑為什麼我們會期待是霸凌狀態？這時候，就要朝建議的方向去解釋——或許在這段關係裡，你是希望能用真實表達自己「脆弱」的方式，去跟對方進行互動。

例如：假設我在期待他的人格狀態（第四張），抽到的原型是「受害者」——其實在問及跟某人的關係時，不管是跟同事、老闆、伴侶、父母……都有可能出現——我們就要問：「為什麼我期待他用受害者這樣的原型呈現？」

這應該要如何解釋呢？我們首先就要想想受害者要學的「功課」是什麼？情緒與感情需要被理解、看見、被接受；要表達自己的需求、用比較有智慧的方式去滿足自己的需求，而不是用爛招。

所以從這個意圖來看，若出現這張「受害者」，會解釋為——你希望他可以有另外一個智慧的方式，來爭取他自己想要的需求。同時也要觀察第二張牌，我們應該要交叉一起解牌，上下的第一張和第三張（我）；第二張和第四張（他）是一組的。因此在解讀第四張，也要觀察第二張牌卡是什麼。

如果第四張牌卡出現「受害者」，我們解釋的方式會是朝這張牌卡的光明面去解釋——希望他可以更清楚知道自己是在這段關係裡面，有不一樣的高度可以去看待痛苦，不要再選擇用受害者角色這種爛招；而是可以直接地表達他內心真正的需求，脫離苦難的循環。

這個牌陣，是從你自己的角度看出去的實像（Reality），所以務必要先撇除「對方真的是你所認知的那一面」的想法。也許你會想問，那要如何知道他真的就是牌卡所呈現出來的樣子呢？不妨邀請對方也抽一張牌吧。

牌陣提點

1. 三和四的位置用建議方向去解牌。
2. 二和四位置的牌可以一起解，都是對方。
3. 若抽到較負面的原型，則往光明面去解釋。
4. 一和三、二和四是一體兩面，所以可補充問：「你會同意你這麼看待他嗎？」
5. 這個牌陣只是自己對人我關係的一個投射，並不代表對方也是這樣認定的。
6. 可以抽其他牌卡作為補充訊息，提供行動策略的建議，對應出生活化的樣子。
7. 先快速、直覺走一遍四張牌卡，再仔細記錄。

四張牌陣的個案引導歷程

◎個案的問題：探索自己和媽媽之間的關係。

◎抽牌前狀況：請個案先想著媽媽洗牌，洗完之後把牌卡交給我。

◎抽牌過程：展開牌，並請個案隨意依照直覺，用左手抽出四張牌。她的牌陣為——第一張牌為「永恆小孩」；第二張牌是「孤獨小孩」；第三張牌「吸血鬼」；第四張牌則是「王子」。

※教學解說：這次諮商選擇的方式不是全部蓋牌，而是我手上拿著牌，我知道自己這裡有四道菜，一道一道端出來。這也是個好方法——因為早已把原型看完，心裡也已經有自己解牌的一個脈絡，但並不是全部都翻給個案看。這個方法的優點是，這樣個案可以專注在這個故事的路徑上，而不是講第一張時在看第四張，那樣會比較容易分心。

◎解牌過程：向個案詢問，為什麼會想要問這個問題。個案表示最近跟媽媽有些小爭執，媽媽一直問她為什麼不回家。我看向第二張牌，問她：「妳覺得媽媽孤單嗎？」個案含淚表示：「有一點。」

我們藉由第二張「孤獨小孩」望向第一張「永恆小孩」的畫面，與個案一同看圖說故事，同時拼湊出個案狀況——媽媽看著女兒，女兒往外飛；媽媽希望她住在家裡，但她渴望有自由。繼續詢問個案對母親想法的了解，是否意識到母親的意思？個案表示畢業後就知道媽媽希望她住家裡，照顧生病的爸爸，雖然認為哥哥在家可以照顧，但媽媽比較叫得動自己。她也知道媽媽很疼自己，我引導她背後的動力是因為愛。

接著看向第三張牌「吸血鬼」，向她解釋牌義——媽媽有需要被關心、被陪伴的需求，所以要找一個人。個案其實滿想當「吸血鬼」，但可能自己沒有意識。在這件事情裡，其實她可以提供基本需求給媽媽。但「吸血鬼」這個原型是沒有熱情、沒有怦然心動、沒有太多血色。在馬斯洛的需求理論裡是比較低層、基本的一種需要和滿足。既然個案是抽到吸血鬼，看起來就是要她回去陪媽媽。在那種狀況下，她也是可以獲取自己的基本需求——這是互相依賴。媽媽覺得有能力為女兒付出；女兒回家看起來是索求，但其實是在陪媽媽。

至於第四張牌「王子」，是個案希望媽媽在這段關係裡的樣子。她希望媽媽可以更瀟灑、更自由一點，像青少年、孩子一樣。我們分開來看，其實代表媽媽的兩個角色都是孩子、青少年的狀態，所以其實媽媽在個案心裡面的位置是比她小的，像個孩子，心理年齡、需求是比她小的。但個案自己，從牌陣來看也是個小孩。所以我會建議個案不要用太嚴肅、認真的態度去對待媽媽，不是現在大人狀態——已經成熟的女兒去陪伴上了歲數的媽媽，而是要用「內在小孩」陪伴她的內在小孩。

※教學解說：注意觀察，並且用牌義去問問題，帶出對應的提問句。

◎解牌結果：可以看到，在這段關係上個案希望自己可以做「吸血鬼」。只要做到基本的，媽媽的渴望狀態就可以被滿足了。在這組盤裡看起來不是要朝向多高的理想、自我實現，而就是「被看見的需要」。其實她媽媽也很想要為她付出，想要為她的生活帶來什麼，例如：互相陪伴。因為第三張牌（我期待我的人格狀態）是抽到「吸血鬼」，所以並沒有要交心，反之，就會抽到「朋友」、「夥伴」這類的原型。所以其實她就是回家出現讓媽媽看到，讓媽媽做東西給她吃，彼此便能獲得最基本的滿足了。

簡易人格探索牌陣

適用情況：

- 檢視因應「目前」生活狀況而浮現出來的人格特質。
- 檢視因應「未來」生活狀況而渴望擁有的人格特質。
- 可用於聚餐、交際、遠距網路或遊戲等輕鬆場合。
- 「除舊佈新」牌陣：1.想清除的人格原型。
2.想迎接的人格原型。

2 未來渴望的 人格狀態	1 目前浮現的 人格狀態

這個兩張牌陣，可活用在除舊佈新、聚餐、交際、遠距網路或遊戲等輕鬆場合，大家可以小試身手，來抽抽你的這兩張原型！

除舊佈新

這裡抽的分別是「想要送走什麼部分的自己」與「想要迎接什麼樣的自己」。

原型卡除了平常可以跟其他塔羅牌或身心靈牌卡搭配來做個案諮詢外，在朋友生日或新年的時候，也可常常用來與大家玩一個有趣的「除舊佈新」遊戲。這不但能增添溫馨歡樂的氣氛，也會呼應到大家內在的渴望，產生正面的激勵作用，引導大家敞開心胸來彼此分享。

遠距版，跨越時空不受限

這個牌陣也可以在網路、電話等任何通訊軟體、遠距媒介上進行，線上進行方式很簡單——

❶ 先讓朋友在一到十之間憑直覺選個號碼。

❷ 開始專心想著朋友的名字與號碼，並將原型卡用自己熟悉的方式洗牌。當你洗一段時間，感覺洗得均勻了就可以停止。

❸ 一面從一數到十，一邊依序地從牌堆上取出牌卡，一個號碼一張，直到取出他相對應號碼之牌卡即可停止——這一張牌就代表他舊的日子或過去一年想清除掉（送走的）的**陰暗**人格原型。

❹ 再以同樣的方式，從牌堆下方「最後一張」依序往前取牌，也是一個號碼一張，直到取出其相

對應號碼的牌卡即停止——這一張卡則代表他在新的日子或新的一年當中渴望浮現的光明人格原型。

請注意，在解讀第一張牌時，雖然代表著欲清除之陰暗原型，但也不必太拘泥於牌面或書籍裡對此原型陰影屬性之說明。因為牌卡所陳述的陰影面通常都是極端負面的情況，而這種情況就我使用經驗，不常完全呼應現況。通常是他在呈現此原型上，可能有能量耗盡、疲累、煩悶、憂慮、無聊、挫折或引發人事衝突等情況，而使得他內心想清除及送走這部分。

在解讀第二張時，這原型代表其渴望展現的光明原型，可以針對此原型之光明屬性，想像他在實際生活層面可能發生怎樣的互動與影響，並且盡量多給予正面的激勵與引導。

需要特別注意的是，我們並不是把七十四張牌都編號。抽牌時有一個很重要原則就是「隨機」，因此即使兩個人選了同一個號碼，他們的牌也不會都一樣，在每個人說出他選擇的號碼後，我們必須針對那個人重新洗牌，然後隨性地停止（這符合隨機原則）。如果他選擇一號，就是最上面第一張（渴望清除），底端算來第一張（渴望擁有）；如果他選擇三號，就是最上面第三張（渴望清除），底端算來第三張（渴望擁有）以此類推。

其實這些玩法都可以創新改變，只要自己事先設定好就可以了。

現場版，分享與共鳴

你也可以用原型卡舉辦一場過年前的聚會；或者在任何一場生日聚會上，都非常適合進行這項活動。

在現場聚會進行時，流程如下——

❶ 大家一起抽牌，建議先將抽出的牌都「蓋著」。

❷ 在還沒有翻牌之前，先讓大家分享自己認為想要送走什麼部分的自己，以及想要迎接什麼樣的自己。

❸ 接著，在大家期待當中翻開抽到的原型，此時通常會驚呼聲四起，活絡了整個現場氣氛，不知不覺當中，大家也就能更放開心胸地自由分享了。

案例分析

以下分享各兩個解牌例子供大家參考，但請記住，每個人皆可以建立起自己獨有風格的解釋和意義，最重要的是要憑自己的直覺感受牌卡，享受原型卡帶來的驚奇和歡樂。

◎「渴望清除」之陰影原型解釋

❶ 如果在內心渴望清除過去的人格特質上，抽到一張「妓女」原型，表示你過去日子裡有浮現出此人格特質的陰影屬性——你可能面對「為求生存而出賣自己靈魂或意志」的挑戰，但卻感到疲累或能量低落；或者為了求生存或經濟壓力，屈就自己而出賣自我才華、構想、靈魂或意志；擔憂物質供給和生活保障而忽略自我尊嚴，或容易受外界的誘惑和權威的擺佈——所以你內心渴望清除掉。

❷ 如果在內心渴望清除過去的人格特質上，抽到一張「上癮者」原型，表示你過去日子裡有浮現出此人格特質的陰影屬性——在過去的日子裡，你可能被外在物質或肉體慾望所綑綁而不自覺；或者過度熱衷於某種工作或娛樂當中，因而身心感到疲累或能量低落；更甚者可能沉溺於毒品、菸酒、食物或性愛等，導致失去自我控制和內在平衡，遠離身心的和諧和健康——因此你內心渴望清除掉。

◎「渴望擁有」之光明原型解釋

❶ 如果在未來日子渴望擁有的人格特質上，你抽到一張「國王」原型，表示你內心渴望浮現出此人格特質的光明屬性——在未來的日子裡，你渴望展現開明仁慈的領導能力，並在執掌範圍裡處處為他人利益著想；或者想治理和掌控一個公司、團體或家庭，樂於承擔責任及壓力，展現兼具開明和嚴格的權威和能力；在生活上身負領導的重責大任，提醒自己不要過於主觀專斷或不信任別人能力，避免有意無意中忽略了任何挑戰你權威的批評和質疑，進而讓生活更和諧，身心靈更調和。

❷ 如果在未來日子渴望擁有的人格特質上，你抽到一張「變形人」原型，表示你內心渴望浮現出此人格特質的光明屬性——在未來的日子裡，你渴望在工作或日常生活中，能以各種不同角度看事情，呈現機巧善變的特質，並讓事情處理得更有彈性及圓融；並且善於重新塑造自己以求在生命中做大幅度的蛻變與成長；或者提醒自己在生活裡的某件事情上，有過於固執、死心眼或眼光狹隘的狀況，需讓自己以他人眼光或更寬廣的角度去看待；希望具彈性開放思想，有可看透各種事物的潛力，進而讓生活更和諧，身心靈更調和。

單張運用

單張牌陣的運用，是直接詢問一個問題，將牌隨意地攪和在一起洗牌，抽出一張之後直接翻面若想試看看用正逆位解讀，可以特別注意抽出來時，牌卡是正的或是顛倒的逆位——

◉出現正位：可解讀「光明」屬性。

◉出現逆位：可解讀「陰影」屬性。

「陰影屬性」有兩個層面可以去探問。一是「缺乏」此角色特質，因而形成一種不足，所以變成陰影；二是「過多」或者過度展現此特質，因而形成一種負面能量。

神聖契約盤

神聖契約盤是在靈魂層次中，跟靈魂打契約的工具。

在投胎轉世前，你跟你的靈魂、靈魂家族、指導靈等等開會，裡面有一些角色設定。在這過程中，你的指導靈、守護天使告訴你：「自己選定你想要的腳本，選一個你喜歡的劇本。」有的人可能在潛意識過得太平靜、無趣、一帆風順，他就會說：「我下輩子想要刺激一點！」因為他想要各種不同的靈魂體驗，於是選擇讓自己在人生當中比較多起伏、多彩多姿。

解盤要點

以下是神聖契約盤個別諮商操作流程，以及解盤要點。

◎第一步：個案的準備

◉請個案直接抽十二張牌。若個案是遠距線上，可以在一到七十四數字當中，任選十二個數字（第一個數字代表第一宮的原型卡，以此類推），逐一幫個案抽出十二張牌。

◉諮詢師可以先觀察整體的盤面，從牌中了解個案的生命樣貌。

◉補充：如果有學習過數字系統或十三月亮曆法系統，可以請個案給出生年月日（八位數），輔以星系印記天賦、生命數字和流年能量等等。

◉說明十二個角色樣貌。

◎第二步：解釋神聖契約盤

◉解釋每一宮位所代表的意涵。

◉解釋其三層意涵：宮位、星座、心理特質。

◎第三步：十二張牌的討論

◉可以從第一宮開始，依照順序朝第二宮、第三宮……，持續進展。

◉也可以先講第十二宮，再從第一宮、第二宮……開始持續解釋。

◉可以從自己好掌握的開始，也可以從個案最關切的宮位議題開始。

◉記得一邊解釋、一邊探問、一邊確認。

◉每一個角色都可以詢問：「你是否滿意？想調整改變嗎？」

◉對宮（一八〇度）可以一起看。

◉火土風水：同屬性的（三角形）可以一起看

◎第四步：總結

◉進行統整、摘要、歸類。

◉給予祝福。

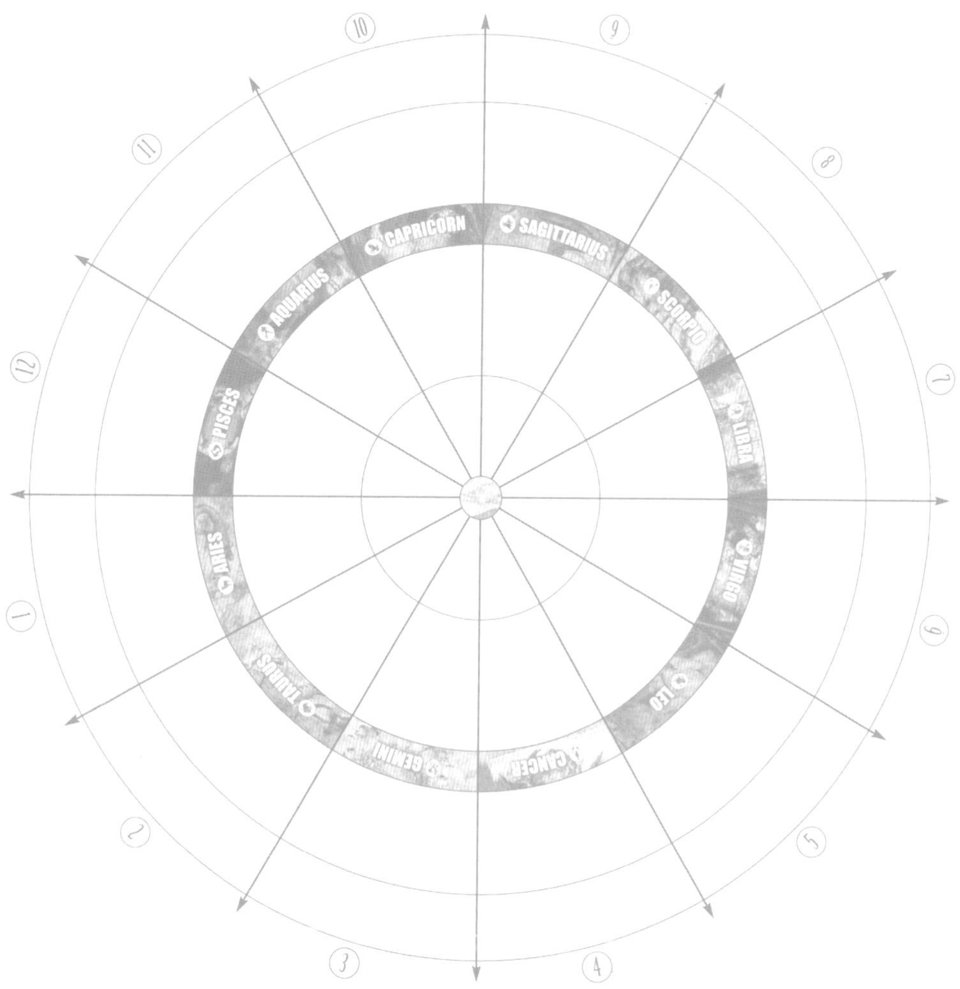
10
9
11
8
12
7
1
6
2
5
3
4
CAPRICORN
SAGITTARIUS
AQUARIUS
SCORPIO
PISCES
LIBRA
ARIES
VIRGO
TAURUS
LEO
GEMINI
CANCER

十二宮位說明

宮位		對宮	
第一宮	個性自我：自己跟自己的關係。	**第七宮**	自己跟他人、跟伴侶的關係。
第二宮	自己的錢財跟價值觀。	**第八宮**	共有的資源跟他人的資源；如何在創傷、療癒、復原當中重新站起來。
第三宮	同儕、手足，初等教育的學習，溝通跟表達。	**第九宮**	高等教育的學習，靈性生活、心靈糧食的滋養、再進修。
第四宮	原生家庭與父母的關係。	**第十宮**	你人生最大的潛能，看你人生最大潛能是要往哪個方向去，有時候會是人生、家庭的經驗，是一個推動力。
第五宮	個人舞台：在哪裡是開心快樂的。個人舞台在哪裡？	**第十一宮**	你在世界的舞台，在群體中的舞台。你在群體中是什麼樣子？
第六宮	日常生活跟身體健康、工作領域等，是很世俗、很物質的，看工作、生活環境、身體的狀況。	**第十二宮**	很內在，很無意識的，也包括靈性的、心靈的疾病。身體健康跟心靈的健康。

星盤

你在前面看到的那張神聖契約盤是十二宮位的星盤，從第一個宮位開始——這個起始點的位置就是你看時鐘約九點鐘刻度方向，你會看到有不同層。最外圈是數字，這就是十二宮位，你可以去對照自己的星盤／出生圖。星盤是寫在第二個內圈，有標數字，這個數字所講的就是第幾宮位。

通常第一個宮位的最原始的星盤就是牡羊宮，也就是所謂的白羊座。他主管的心理層次意涵代表你的個性、自我。傳統的命理有人會稱他「本命宮」，而這個位置就是你**星盤裡的上升點**。如果有研究星座會知道，這是你的「上升星座」。

所以你看你的第一個宮位，Asc，這就是代表你的上升，就是你的上升星座。上升星座白話意義叫做：「你外在給別人看起來的感覺，別人看到你的樣貌。」同時第一宮位也主管了你的樣貌，看你長得什麼樣子。即使沒有看過你的人，看到你的星盤其實就知道你長怎樣。

如果你的星盤這裡不是長得漂亮的星盤，可是你的人長得很漂亮，那有可能是星盤錯了，或者你的出生時間給錯了。

同樣地，如果星盤看起來是漂亮的，此人應是帥哥美女，可是本人不是很漂亮，就也有可能有星盤錯誤的現象。

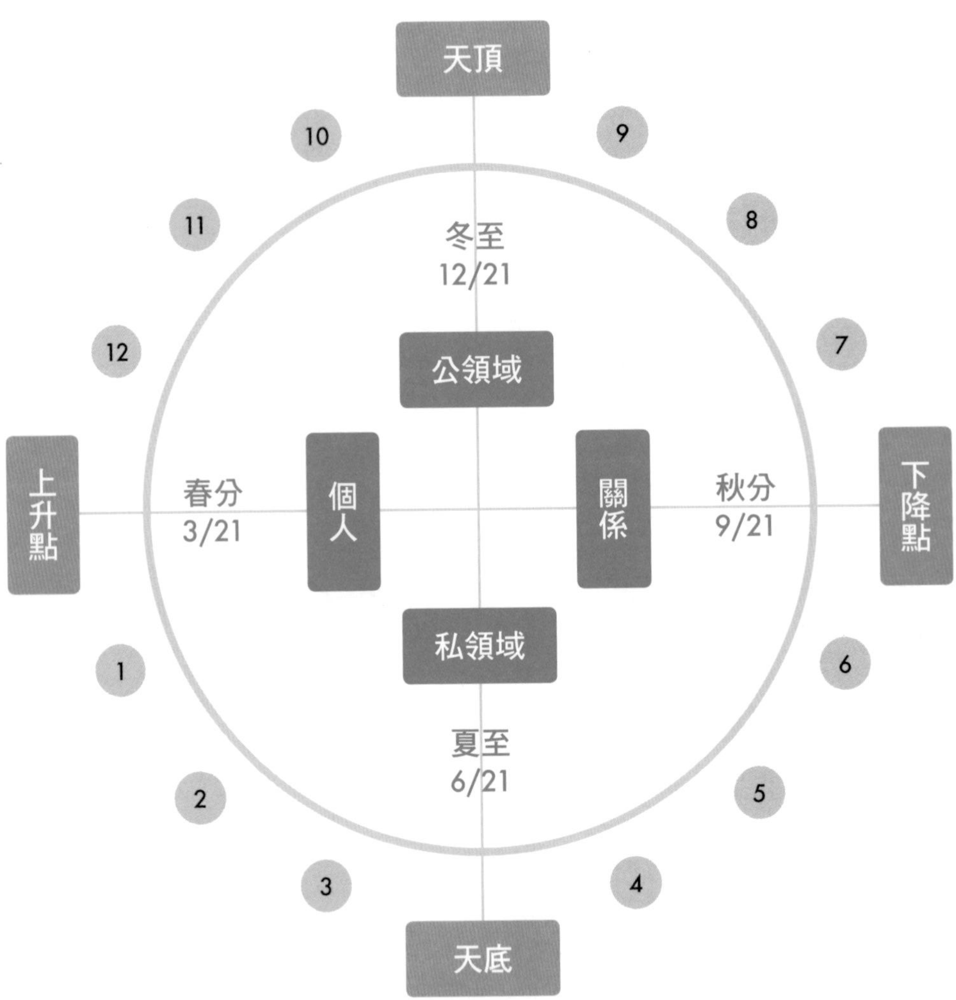

*註：數字代表宮位（數字①代表第一宮位）

星盤十二宮位

星盤上半圓跟下半圓的差別在於——下半圓是你在私領域，上半圓則是公領域；左半圓是自己，右半圓是跟他人。所以你在你私領域的自己，就是看一、二、三宮。至於四、五、六宮，就是你在私領域當中，你跟他人的關係。上面那一塊，則分別是你在公領域跟他人的關係是什麼（七、八、九宮）；以及你在公領域中表現的自己（十、十一、十二宮）。下面為你詳細說明星盤十二個宮位各自的意涵——

◎第一宮位是牡羊座，就是別人看到你的樣子，還有你個性自我的狀態。

我們的出生點從這邊開始，然後逆時針往下走到第二宮。行星的運作是這樣走的，所以星盤方向就是照著逆時針走。第一個宮位從你的出生點開始，所以小時候好不好養、身體健康如何，都可以去看第一個宮位的行星。如果第一個宮位是在你星盤上面的凶星，或是相位不那麼ＯＫ，你可能就會發現小時候的身體健康比較不好，或者個性不好、脾氣不好、很火暴、不好帶，或是常生病，這個都跟第一宮有關。

◎第二宮位是金牛座，代表你的價值觀。

人從第一宮位出生，走到這邊開始建立人生的價值觀。第二宮位正是主管你的價值觀、個人的金錢等，這兩者是緊扣在一起的，可以由此看得出你的金錢狀態，賺錢、用錢、花錢的方式等等。如果你經常把錢花在某一個向度上面，那就表示你認為那個向度的東西是比較重要的。比如說，你是重吃的人，你就會花很多錢在美食上，然後其他地方就都還好；如果你重視看書，你就會把很多錢花在買書、學習上課、投資自己，但可能吃跟穿就還好。第二宮位看你把錢花在哪裡，就知道，你認為什麼東西是重要的。

◎第三宮位是雙子座，跟溝通說話表達有關。

建立起價值觀後，再來是要上學。從這裡開始你會跟人互動，這個宮位跟你的手足、同學是有關係的——在你的初等教育，如：幼稚園、國小、國中、高中，這些學習階段的同學，或跟手足、同儕的關係。看你都在跟同輩說些什麼、如何表達自己。雙子座是兩個人，牽涉到說話跟對話，也就是如何跟別人溝通、講話，呈現自己。

◎第四宮位是巨蟹座，跟你的原生家庭有關。

第四個宮位代表主要是照顧者與你的關係，通常為父母，特別是母親跟你的關係。但如果解盤時發現對方不是媽媽帶大的而是奶奶，你就可以去問他跟奶奶的關係。第四宮位也可以看父母眼中的你。當然在星盤裡頭，第四個宮位也可以看得出田宅宮，家族裡的關係，包括家族中的長輩。

◎第五宮是獅子座，這是個人的舞台。

第五宮代表舞台、創意、好運、開心——所有開心的事情，包括戀愛——所以戀愛宮是第五宮。子女宮、寵物都是第五宮。可以說第三宮是平輩；第四宮是長輩；第五宮則是晚輩。所以如果你要看你跟小孩的關係，就可以看第五宮。

◎第六宮是處女座，日常生活所在的領域，看你日常生活最常出現在哪裡。

如果你是有工作的，那就是你工作的場所——如果你現在當兵，第六宮就是軍營；如果你是家庭主婦，就是你家裡或菜市場；那如果你退休了，每天都在慈濟，第六宮就是慈濟。第六宮是跟日常生活有關，跟你的工作、服務有直接關係。要有好的狀態去工作、服務，就會牽涉到你的健康，所以第六宮也直接管理你整體的健康狀態。第一宮的健康是你小時候底子好不好，第六宮是後天，是你目前的健康狀況。

◎第七宮是天秤座，伴侶宮、夥伴關係。

第七宮的天秤座是管理一對一的伴侶、夥伴。比如說，你跟合夥人，一對一的合夥；或有婚姻的，一對一的婚姻狀態。情侶不是看第七宮，是看第五宮。不過時代轉變，現在很多情侶有承諾但沒婚約，只要有承諾就算是第七宮，這不限於戀愛，法律承諾也適用。例如：房東跟房客的關係、醫生跟病人、諮商師跟個案、委託人跟律師……，像這樣一對一的，固定的關係都算。

◎第八宮是天蠍座，講復原跟再生的療癒力。

第八宮也掌管人生中比較不會搬到檯面上來談的議題，比如說：性、金錢、權力、遺產、投資、股票……。第八宮有一部分講的是共有財產。在神聖契約盤中，我會把他放成比較跟心理議題有關，叫做創傷療癒、復原。看你能夠給出什麼樣的創傷療癒力，在面對自己或他人的低潮、沮喪、不舒服的時候，你如何面對跟處理；而你自己在這裡走過這些負面經驗後，又是如何站起來的。

◎第九宮是射手座，主管精神生活。

包括你的靈性、你的興趣，能夠滿足你精神層次的活動都是第九宮在管理，例如：旅行、哲學、宗教、電影（但傳統上我們會把電影歸類在第十二宮）。第九宮講得比較單純就是靈性生活——你的精神生活。也跟旅遊有關，諸如：旅遊、出版業、高等教育、哲學……，這些都是第九宮管轄的。

◎第十宮是摩羯座，掌管志業與事業發展，有山就要爬。

第十宮的魔羯座在原型卡中，跟「英雄」這張象徵是很像的，所以這個宮位在占星中代表你的事業，加上他在天頂，猶如工作如日中天。在神聖契約盤中，我們探索的是你人生中「最大的潛能」是什麼。因為是潛能，常常有人對在這個宮位抽到的牌沒有太大的感覺，這是因為他還沒有發揮最大的潛能。比如說，人生最大的潛能抽到「妖婦」，他就會覺得：「天啊，我的肢體語言很差耶！律動、舞蹈超不行的，這怎麼會是我最大的潛能？」但可能他有這個潛力，卻沒有去開發，你可以鼓勵他去多做肢體開發或舞蹈活動，他應該是很喜歡的。

◎第十一宮是水瓶座，是管轄社群、群體，志同道合的朋友。

第十一宮是說有一致性的理想、目標、學習，一群人聚在一起的團體。指在團體當中、在公領域當中的你。如果是學生的角色，這就像是社團的同學，大家因為有相同的興趣選項而加入某一個社團。出了社會之後，興趣相投的朋友也會形成各種興趣社團，例如：車隊、爬山隊友、畫畫社團等等。

◎第十二宮是雙魚座，無意識的層次。

因為雙魚座的宮位是一個很無意識的宮位，他非常的深層，是潛意識當中的潛意識，代表我們內在最底層的核心信念。他可能也代表無意識狀態，去看你扮演了怎樣的靈魂角色而不自覺，甚至受到一種制約或綑綁。

如果你相信人有輪迴，十二宮也可以代表前世的你，看你是帶著什麼樣的角色出生。很多小孩小時候的夢境跟經驗，是累世沒有遺忘跟著一起投胎、帶來的。所以去看第十二宮時，我們會說是代表「業力宮」。如果你前輩子修得很好，有很多的福報，這一生就會帶著這個好的業力來到此世，就會很有福氣。如果之前有一些不是很ＯＫ的狀況，那也就會帶著這些狀況來到人間。

一些有精神狀況的個案，在看契約盤時我便會先看他們第十二宮。因為有很多精神疾病的狀況，沒辦法用現在的ＤＳＭ診斷，或是精神醫學診斷來治癒。但有時候你看到他的精神狀態，就會知道那有一種很深的業力連結，在他的第十二宮位就會有一些議題。如果沒有想要處理這個「業力」議題，我會建議所有的狀態都回歸到當下，處理個案的今生。**無論談了多少過去式的業力，都一定要記得帶回到此時此刻**，有獲得什麼樣的領悟與學習，而不是只一直停在過去、談過去的事。

原型圖像的顏色

曾有同學問我說，這七十四張原型卡的顏色，有沒有什麼相對的意義呢？

你可以去感受一下，或許有些人對於顏色、色彩心理學、能量，一些相關的脈輪顏色知識，是有一些學習的。你可以把這些脈輪顏色的概念跟能量都放進來。

假設在抽完一整個靈魂藍圖神聖契約十二宮之後，如果抽到的整盤全部都是黑、灰、很深的顏色，那你就會大概知道這個人的能量有一種這樣子的感覺；如果都是抽到紅色、粉紅色、橘紅色、你也會感覺到他的脈輪能量是另外一種感覺；如果都抽到綠色，可能也有不同的感受——這其實是一個滿好的觀察點。

其實這七十四個原型裡面，每一張牌的顏色，都是不一樣的。即便有些看起來很像，但他是絕對不同的色階。

基本盤與原型卡對照引導表

宮位	星座	說明	連結原型卡的經典提問
私領域			
第一宮	牡羊座	上升星座，別人看到自己的第一印象跟感覺，也就是「基本個性」。	別人怎麼看你的？你的外在形象、基本個性如何？
第二宮	金牛座	喜歡有質感的物品而且是要擁有，跟錢財、物質、如何使用錢有關，靈性上則是表示「自我價值」感。	你認為做何種原型，能增加自我的價值感？
第三宮	雙子座	兩個人、同儕、手足關係。溝通表達、學習、同學互動（非同事），說話學習、思考力、想法等。守護星為水星，也掌管短期交通。	你是用何種原型說話、表現自己的？
第四宮	巨蟹座	因為在天底，想隱藏的自己。是原生家庭、家庭中你的樣子（夫家、娘家），與家族也有相關。	你在原生家庭中，家人是怎麼看待你的？你在原生家庭呈現何種原型？
第五宮	獅子座	霸氣、豪邁、快樂的、開心的事情：娛樂、興趣、戀愛、創意、運氣……。與小孩之間的關係。	你越展現何種原型，越能展現自己的力量？
第六宮	處女座	重複性的日常領域；工作場域中你的樣子。看你所提供的服務、受雇方、身體健康方面。	你在工作上呈現什麼原型？

（郭玟伶／圖表文字整理）

宮位	星座	說明	連結原型卡的經典提問
公領域			
第七宮	天秤座	婚姻關係、合夥關係。一對一的（醫病關係、法律顧問與案主、自己與個案、自己與指導教授……），特別是指合法關係。	你在一對一關係中是何種原型？在你的婚姻關係中是何種原型？
第八宮	天蠍座	深刻的星座。掌管黑暗面、性能量、創傷苦痛。屬於第二財位：共同財、社會財……。靈性上是創傷、療癒（他人或自己）宮位。	你面對自己的苦痛與創傷時，是以何種原型面對？你是一個什麼療癒力的人？你會用何種原型來療癒自己或別人呢？
第九宮	射手座	靈性、宗教、出版；神秘學、形而上的、旅遊、外地。出了社會的高等教育、研究所、進修學習等。	你是用何種原型在面對身心靈學習的？
第十宮	摩羯座	來到天頂：一生追求的目標。要往人生最高攻頂的能量，最高潛能、自己的事業。	你用何原型來發揮最高潛能？
第十一宮	水瓶座	群體的、志同道合的朋友，興趣或社團。	你在群體當中呈現何種原型？在志同道合的朋友之中，一群人裡面的你是什麼樣子？
第十二宮	雙魚座	是在深層潛意識中，夢想、無意識的運作，不是物質層面的頻率。（代表的是靈、不同次元的靈。）	你隱藏在冰山下潛意識的原型為何？隱藏版的自己、無意識的自己為何？

發現自己的原型，
就像在靈魂層次認識自己。
他們是心靈的創意引擎。

CHAPTER

4

原型卡74張解析

讀懂靈魂契約

原型卡分類架構與簡介

原型卡共有七十四個原型，其中又分為四大原型（九個）、物質面（十三個）、行動面（二十個）、思想面（二十一個）、情感面（十一個）。每個原型都富含深層意義與在光明、陰影面上的靈魂指引。

首先簡要地敘述代表元素與關連課題、特性，全數羅列如下——

四大原型

❶ 孩童牌組（Child）：面對「行動」上的恐懼和課題。（火元素）

◉神聖小孩（Child:Divine）
◉永恆小孩（Child:Eternal）
◉神奇小孩（Child:Magical）
◉自然小孩（Child:Nature）
◉孤獨小孩（Child:Orphan）
◉受傷小孩（Child:Wounded）

❷ 妓女—破壞分子—受害者

◉妓女（Prostitute）：面對「物質」上的恐懼和課題。（土元素）

◉破壞分子（Saboteur）：面對「思想」上的恐懼和課題。（風元素）

◉受害者（Victim）：面對「情感」上的恐懼和課題。（水元素）

物質面

◉上癮者（Addict）、享樂主義者（Hedonist）、賭徒（Gambler）：對物質吸引或執著的狀況。

◉乞丐（Beggar）、盜賊（Thief）、富翁・守財奴（Midas/Miser）、吸血鬼（Vampire）：物質生活中的供需、施與受。

◉偵探（Detective）、好事者・閒聊者（Gossip）、同伴（Companion）、網路建構者（Networker）：透過資訊分享與交流，建立人與人關係中的連結。

◉唐璜（Don Juan）、蛇蠍美人（Femme Fatale）：男女性能量與魅力、陰陽能量的表現。

行動面

◉天使（Angel）、撒瑪利亞人（Samaritan）、解救者（Rescuer）：幫忙協助的。

◉運動家（Athlete）、英雄（Hero/Heroine）、戰士（Warrior）、騎士（Knight）：陽剛力量的。

◉救世主（Messiah）、僕人・服務者（Servant）、奴隸（Slave）、烈士（Martyr）：付出的、奉

獻的。

◉尋道者（Seeker）、拓荒者（Pioneer）：**尋求開創。**

◉變形人（Shape-Shifter）：**形象變化多元。**

◉摧毀者（Destroyer）、復仇者（Avenger）、解放者（Liberator）、反抗者（Rebel）：**強烈的、改變的。**

◉療癒者（Healer）、驅魔者・薩滿（Exorcist）：**解除不適的。**

思想面

◉詐術者・魔術師（Trickster）、藝術愛好者（Dilettante）：**豐富多元、花招百出。**

◉煉金術士（Alchemist）、藝術家（Artist）、遠見者（Visionary）、工程師（Engineer）：**轉化能量，透過一些形式將原本（內在或輸入）的東西輸出。**

◉隱士（Hermit）、僧侶・修女（Monk/Num）、牧師（Priest）、神祕主義者（Mystic）、處女（Virgin）：**出世的思維及態度。**

◉詩人（Poet）、說書人（Storyteller）、書記（Scribe）：**文字語言表達。**

◉引導者（Guide）、教師（Teacher）、學生（Student）、導師（Mentor）：**教學的指引。**

◉提倡者（Advocate）、法官（Judge）、調停者（Mediator）：**標準評斷。**

情感面

◉戀人（Lover）：愛的情感展現。

◉霸凌者（Bully）：暴力象徵與內外整合。

◉神（God）、父親（Father）、國王（King）：陽性權威。

◉女神（Goddess）、母親（Mother）、女王（Queen）：陰性權威。

◉王子（Prince）、閨女・公主（Damsel）：年輕未成熟的皇室接班人。

◉愚人・小丑（Fool/Clown）：面具與笑臉。

內在小孩與四大原型

孩童牌組，其實正是所謂的「內在小孩牌組」。他們各自代表了六種內在小孩的原型狀態，也是人類四大共通原型的第一類。我們後面將逐一介紹這六種原型能量——神聖小孩、永恆小孩、神奇小孩、自然小孩、孤獨小孩跟受傷小孩。

我們可以先有一個基本概念——當有人抽到這六原型的其中一個，意味著他現在有赤子之心，像孩子般的原型、孩童般的角色。無論抽牌者問什麼樣的問題——問工作、感情、任何事，只要抽到這個小孩原型牌組，第一個直覺就是，抽牌者現在有像孩子般的純真，如赤子之心一樣單純。

如果在靈魂藍圖解牌的時候，有很多小孩的牌出現了，也象徵著我們內在小孩的訊息跟議題是很強烈需要被回應、被看見、被了解的。當然每個人的狀況會不太一定，也有的人整盤十二張裡面是沒有任何內在小孩。牌卡出現了就代表現在的集體潛意識裡，有那些重要的個人潛意識必需被翻上檯面。還沒被抽到的牌，是在意識冰山下層的；而被翻上來的，就是意識化出來的牌面，表示我們要清楚地去面對他。

我把孩童牌組，分類在「火元素」，象徵著小孩是很有能量、很有行動力的，而且是也會比較好動一點。這之中也有內在小孩各自的課題，但在我們看內在小孩的六個功課之前，還有兩大概念需要釐清——

1 **原型本身是中性的**：沒有性別之分，例如，兒童牌組是看我們內在小孩的狀態，沒有男生或女生分別，所以在每個原型裡男性和女性特質都會有。我們在看原型角色時，要先撇開生理上的男性和女性，原型是看我們內在特質的陰性／陽性模式及行為展現。

2 **六個內在小孩，可以好幾個小孩同時存在，也隨時可能會改變**：在抽牌的時候，有時不只單抽一張卡，而可能會是四張；或者在抽靈魂藍圖，十二宮位就會有十二張牌，在這十二張牌裡面可能就會同時出現好幾個內在小孩。

清楚以上概念，和原型的大致模樣之後，就讓我們來探索自身的心靈樣貌吧。

要記得，我們不只是在學習牌卡，更重要的是，還能透過這個原型系統，讓自己不斷成長；從每一個原型裡，多認識一個新的自己、貼近自己更多一點點、更加理解自己的生命——這將會是一個非常美麗的自我探索歷程。

祝福每一位閱讀本書的朋友們，在每一個原型的探索裡，都能連結回自己。

開始我們的原型旅程吧！

Child:Divine

孩童：神聖

純潔無瑕、沒有威脅性、無害的，溫暖而光明

神聖小孩解析

看著這個神聖小孩的畫面——小孩手張開，後面有一團光。這張牌給你什麼樣的感覺呢？你可以在心裡同步想一下、感受一下，也可以寫下你的答案。

這個「神聖小孩」給你什麼樣的感受？看到這個孩子你產生了什麼樣的聯想？神聖小孩，既然名叫神聖，顧名思義就有種純潔無瑕、好像是從神的國度來到的感覺，他完全沒有威脅性，就像我們常形容：「這個人很無害、很光明、很單純。」

如果有「神聖小孩」這樣一個原型的大人出現在你面前；如果這是他最能夠代表自身目前特質的一張牌，請你想想看——他會是一個什麼樣的大人呢？

神聖小孩的光明面感覺很單純、像個孩子，也富有很多的溫暖、光明，充滿喜悅，有點像是太陽一樣。

陰影面，則很容易變成有時在我們的成長環境跟人際互動裡，所謂的「代罪羔羊」。以家族系統的理論來看，我們會叫他黑羊（黑色的羊），黑羊就是在一群羊裡面，被黑掉了，也稱作代罪羔羊。他容易變成受氣包，成為大家指責的對象。因為他最無害，大家常覺得「怪他就對了」，好像怪別人，別人會反彈、不認帳，但是就算把所有的責任、所有的錯都推給他，他似乎也會無辜地接受這一切。

神聖小孩解讀引導

面對抽到「神聖小孩」的人，你可以自問或問問他，是不是有時候、在某些事情上，你比較容易去承擔罪咎的罪名，或是比較容易替大家背黑鍋？「神聖小孩」的功能是為了要救贖父母的關係，是為了要來救贖這個家庭的。

「神聖小孩」這原型讓你想到自己什麼呢？

你有沒有因為什麼樣的事情，無論是在同儕、朋友、或者是在家庭裡面，有過被別人怪罪的經驗，然後你也默默承受了。明明事情不是你的錯，但是你就承擔下來了。

「神聖」這個詞讓人直覺聯想到與耶穌、基督、天使、不可侵犯……。這些「神性」可以簡單地用真、善、美來看待，跟我們的高我、有智慧的、超越的眼光連結。他可能會給人一種坦率、開放自己、充滿光的感覺。

如果一個人能用他的最高善來看待你、來看待他所發生的事物——用這種神性的眼光來看待的同時，又擁有小孩純真、純潔、活潑、敞開心胸的特質。他就具有此原型狀態。

#自我覺察：是否經常背黑鍋？在同儕、家庭中，是否經常會有被怪罪或無端承擔的經驗？

光與影的靈魂指引

生活上渴望展現之光明特質

- 天真、純潔，以仁慈與愛的神聖眼光來看待生命。
- 在團體裡，渴望以一顆單純熱切的心待人處事，無畏外界閒言閒語、惡意攻擊或嫉妒競爭。
- 自然流露出願意幫他人擔當；承受憂傷、過錯或困苦等本性，類似贖罪的情況。
- 察覺自己是否常有無心受傷害或傷害別人的傾向。
- 審視自己是否常成為受氣包、出氣筒或代罪羔羊。
- 了解自己是否有調皮搗蛋的個性。

生活上渴望清除之陰影特質

- 心境像小孩一樣天真，純潔、沒有心機，然而卻容易碰上傷害到別人或被傷害的情況，甚至於有內疚及贖罪補償的心理。
- 在團體裡，一味以單純熱切的心待人處事，無力察覺並抵擋外界的閒言閒語、惡意攻擊或嫉妒競爭。
- 真誠自然地表露內心感受，但對負面力量缺乏自我防禦的能力。
- 容易成為受氣包、出氣筒或代罪羔羊而無力抵抗。
- 過於天真、沒規矩或想法太單純，導致在別人面前顯得較調皮搗蛋而且不受歡迎，因而身心疲累或能量低落。

Child:Eternal

孩童：永恆

青春無敵、活力四射、永保年輕（內外皆是）。

永恆小孩解析

你在「永恆小孩」這張圖裡看到什麼呢？

你可以看到兩個人在追蝴蝶，整個飛起來，飛在向日葵花田裡面。而向日葵是象徵著希望、光明，這個原型帶著一種很正向的感覺。

既然叫做「永恆」，我們就來感受一下——對你而言什麼叫永恆？有沒有什麼樣的狀態或者事情，你很希望他會是永久恆定，都不會改變的呢？

大多數人都是希望我們的青春、健康是永恆的；希望擁有不老的肉體、不老的青春臉孔、不老的體力，或永恆存在一份愛的關係。

「永恆小孩」有一個最經典的能量狀態——頻率就是青春無限、青春無敵、活力充沛，好像永遠都不會累一樣。

在光明面，你會看到他好像很有活力、有很多能量。好像力氣滿滿，永遠都不會累。

當這樣的狀態過多的時候，就是落入了陰影面，這時他比較容易過度消耗自己身體力，一直覺得「反正我很健康、反正我還年輕，可以熬夜、一直拚」結果忘記要照顧自己，落入了陰影的狀態——如此就容易疲累、過勞死。至於另外一種能量缺乏的陰影，則是表現得沒有活力、病懨懨的。

要注意，這些特質不僅限於外在表徵，也是內在的心理特質或靈魂。

永恆小孩解讀引導

在解讀這個原型的技巧上面，我們會首先把「永恆小孩」簡單的意義，做清楚的理解或者告訴對方。

比如說，當我在為對方解讀時，我會說：「這是你內在小孩很有活力的表現，他體力旺盛、精力充沛，好像永遠都不會累。請問你現在是這樣嗎？」

這時他可能會說：「沒有啊！我覺得現在很累，怎麼睡都睡不飽，做什麼事都好疲倦，做一點點事就好累。」

如果是這樣，你可以很明顯判斷——他落入這個原型的陰影。接著，你可以詢問、引導他：「是不是因為你曾經覺得自己體力很好、很有活力、希望自己活力滿滿，所以你會把自己撐起來，想展現出這種好像向日葵一樣的力量。然而你並沒有關注到自己的身體健康，結果花就枯萎了，向日葵花田淒慘一片。你應該好好留意自己，是不是有過度消耗身體健康與能量。」

#自我覺察：你現在精力旺盛嗎？是否認為自己活力充沛、體力很好？是否過度消耗自己？會因為想展現力量而未覺察身體健康嗎？

光與影的靈魂指引

生活上渴望展現之光明特質

- 渴望認識並學習許多新的事物，如：在工作、知識、技藝或思想觀念上，於自己舊有思維或生活中注入新的活力，給予全新的生命體驗。
- 渴望自己在身心靈上保持年輕，用新的眼光看待事情，並從舊有思維模式中解脫出來，享受全然自由、新奇的感受。
- 渴望能獨立自主去開創生命經驗，提升自我成長和負責的能力。

生活上渴望清除之陰影特質

- 過於專注或學習新事物，如：在工作、知識、技藝或思想觀念上，忽略了舊有事物的價值，或無法適應固有生活模式的驟變。
- 期待自己在身心靈上保持年輕，用新的眼光看待事情。然而卻因無法從舊有思維模式中解脫出來，身心感到疲累或能量低落。
- 傾向仰賴他人，而忽略自我成長和負責的能力。

Child:Magical

孩童：神奇．魔法

相信奇蹟、充滿可能性的想像。

神奇小孩解析

「神奇小孩」，又稱「魔法小孩」。這張圖呈現的是一個精靈，背後有精靈的翅膀。

說到「神奇」，有什麼事情會讓我們張口說出：「哇！真是太神奇了！」呢？通常是在那種有點奇蹟、本來不太可能發生的事情，竟然真的做到、真的發生了的時候。

擁有「神奇小孩」原型的人，常常心裡面就有這樣狀態和想法，或者會有這樣的反應。他會在做很多事情的時候說：「沒問題的、OK的、一定會有奇蹟的，這一點都不難、很快就可以做好了。」對他來說天下無難事，一切就是這麼奇妙、這麼神奇，而事情也總是就這麼輕鬆地完成了。

這個光明的「神奇小孩」讓我們看見內在小孩的原型裡，有一個這樣充滿可能性的自己。

「神奇小孩」認為所有事情都是有可能發生的；各種可能的想像，「神奇小孩」都可以想得到的喔！

神奇小孩的陰影太多或太少，應該比較容易聯想。例如：太多可能就會落於不切實際、天真浪漫。他會覺得任何事情都可以真的落實，但卻忽略了實務面、實際執行面。

如果「神奇小孩」落入了陰影太少的區域，可能會在抽牌陣時抽「建議牌」的時候出現。如果神奇小孩直接出現在建議牌，那就代表他要你把神奇的魔法能量拿出來用喔！這時很可能是表示抽牌的人太過務實了，很多事都精打細算，但卻缺少這種神奇可能性的想像。

神奇小孩解讀引導

在神奇小孩的身上沒有什麼不可能，也沒有什麼做不到的事。在他身上具有塔羅牌裡「愚者」單純的相信，以及「魔術師」創造性的雙重特質——他會告訴你事情有很多可能性。

當你煩惱地說：「這件事情真的好難喔！」他會告訴你：「不難的，一定可以做到，一定會成功。」

當別人提醒說：「要小心、要謹慎喔。」他則會說：「哎喲，不用害怕啦！隨便做都會做得很好的。」

當有人在擔心、猶豫時，他則會說：「你不做看看怎會知道？」

他勇敢冒險，有神奇的創造力。很多事情都可以被他神奇地創造出來，成功對他來說很容易。這不是自信，是小孩的單純——單純地相信、單純地覺得世界上所有事情，都有可能性。你可以說他很憨膽，但他確實都做得到。

#自我覺察：是否太過天馬行空；或太過務實缺乏想像力呢？

光與影的靈魂指引

生活上渴望展現之光明特質

- 渴望具有年輕的衝勁和熱忱，面對困境時能展現智慧、勇氣。
- 運用「吸引力法則」提升自己的意念，跟愛與和諧相呼應，吸引內心的渴望、實現夢想。
- 渴望具有「凡事皆可能」的正面信念，讓心中的目標與規劃具體實現。

生活上渴望清除之陰影特質

- 試圖稟著「凡事皆可能」的信念，在困難與匱乏環境中努力讓心中的目標與規劃具體實現，然而卻感到身心疲累或能量低落。
- 內心變得比較消極和宿命感，缺乏能量與意志力來實現理想和目標。

Child:Nature

孩童：自然

喜愛大自然，與動物、植物、礦物水晶連結。

自然小孩解析

自然小孩抱著一隻兔子，象徵了他喜歡與植物、動物及礦物（非人類）連結。比如說，他是喵星人、汪星人；他有寵物、養兔子；或者喜歡水晶、喜歡花草植物。

「自然小孩」的內在小孩原型，顯示他跟自然界的植物、動物、礦物都是好朋友。他喜歡跟樹講話、喜歡摸水晶、喜歡往大自然跑，也可能會很喜歡寵物。每個人喜好的範圍不一定，有的人只喜歡植物跟礦物，不喜歡動物；有的人喜歡動物，但是不喜歡植物。在自然小孩的類別裡面還分有很多不同的類型。

當我們看到別人抽到「自然小孩」，或自己抽到「自然小孩」的時候，首先要先去想——自己／那個人是不是有一種，不太喜歡人際關係、不喜跟他人打交道的內在小孩特性呢？

自然小孩比較自我，也不太能夠被勉強。所以，如果你有自然小孩的元素在原型裡，我們會說，其實在你心裡某一部分的潛意識是認為「人類有一點麻煩」的，你會覺得跟動物、植物、水晶說話比較單純，而人卻有點搞怪、很難搞定。

有很多抽到「自然小孩」原型的人，要不是寵物溝通師、動物通靈師、芳療師，不然就是喜歡精油、喜歡花精、喜歡靈性彩油、喜歡花草植物、魔法油這些東西。或者喜歡往大自然跑，去到森林就會覺得很療癒、很放鬆……這類的森林系小孩。

他們有一些共通特徵，都會被自然界所吸引，因此也會在自然界當中找到最能療癒自己的能量。你會在他們身上發現以上或其他跟大自然有關連的興趣，同時你也可以建議他以此療癒紓壓，例如：若他喜歡寵物，家裡的寵物就是治療師。

自然小孩解讀引導

「自然小孩」這個狀態可以如何判斷呢？

你可以直接先自問或問對方說：「你不太與人接觸，而比較多是跟寵物、動物、植物嗎？像這樣子的接觸，你感覺舒服或喜歡嗎？你滿意這個狀態嗎？」如果他自己也覺得這樣的狀態還挺滿意的，對他來說，這個原型目前就比較算處在平衡的光明面。

如果他說覺得這樣子很不好、很不舒服，你會感覺到他言語裡面有很多是排斥人際相處的部分，在這樣的狀態下，他會覺得人很麻煩、很複雜、實在很難搞，所以他可能因為人際關係很苦惱，才讓自己更靠近動物跟植物，因此不太與人接觸。

這時我們就會判斷，他現在其實處於陰影層面，所以不舒服的情緒比較多，接著則要看他對現在自己的狀態的不舒服，是逃避還是因為用了什麼心情去面對這個原型。

簡單來說，「自然小孩」的出現是給我們一個簡單的判斷，讓我們能夠看見現在的狀態，就像一個篩檢器，很直接、直覺地讓我們去檢視現在的議題。

#自我覺察：喜愛親近大自然或是愛好動植物嗎？是否覺得與人交際比較累？

光與影的靈魂指引

生活上渴望展現之光明特質

- 察覺自己長期處於一個傳統禮教很重或約制束縛很深的生存環境，渴望走出去。
- 內心對自由意志和情感自然流動的渴望，讓你傾向與大自然及動物產生連結。

生活上渴望清除之陰影特質

- 長期身處一個傳統禮教很重或約制束縛很深的生存環境，想要掙脫卻力有未逮。
- 傾向於對大自然及動物產生連結，然而可能因無法達到自己想要的連結而有失落感和疲累感。
- 把自身過於受約制或受壓迫所淤積的負面能量，不當地宣洩在虐待動物和糟蹋自然環境等行為上。

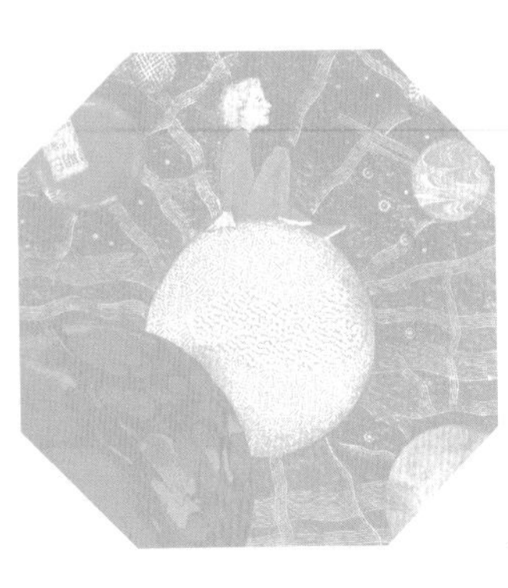

Child:Orphan

孩童：孤獨·被遺棄的

獨立與堅強，有依靠與連結的課題。

孤獨小孩解析

小王子坐在自己的孤獨星球。這張牌常常會引發很多人內在的孤寂感跟回家的感覺。當你看到這張圖，這個「孤兒」、這個小孩坐在這顆星球上，讓你想起什麼呢？聯想到什麼呢？

這個孩子就像是小王子一樣，因為一朵玫瑰花來到地球、來到沙漠，然後遇見了狐狸。我們暫且不管小王子的故事，回到這個原型來，他坐在這個孤獨星球上，在想什麼呢？如果你可以給他一句口白，你認為他在想什麼？

其實，這個「孤獨小孩」在想的是：「我是要一個人，還是跟大家在一起呢？」

所以，遇到抽到「孤獨小孩」這個原型的人，我常常問他：「你有想要跟大家在一起嗎？有想要跟大家連結、想要跟大家更靠近嗎？」在很多抽牌卡、個案解讀的經驗裡面，我有幾次都遇到抽到這個原型的人，他真的從小父母就都不在世了，或者是父母在他很年輕的時候，因為一些什麼原因，可能是生病或有意外，就離開他，讓他感覺自己好像變成「孤兒」一樣。

「孤獨小孩」這個原型代表著我們內在小孩的一種孤獨感。你的內在小孩可能常常覺得——我是被留下來、被遺棄的那個人，我覺得很孤單。除了跟父母間的關係，這個狀況常常也反映愛情關係上的孤獨與被遺棄感。不管是在家庭或者夫妻關係當中，離婚、分手、被分手等等，在這些關係裡面，有很多人都會覺得自己被遺棄或者被丟掉。因此，很多人在問情感關係、戀愛時，特別會引發這個「孤獨感」情結，內在孤獨小孩就跑出來了。他會覺得遇到的伴侶、戀愛對象都拋棄他，他就是那個被遺棄的人，不懂為什麼大家都要離開、丟下他。

當這個潛藏內在的被遺棄的感受，在孤獨小孩原型裡被強烈地引發出來，是為了讓我們有機會重新看見，自己在生命歷程裡的哪個時刻、哪個時間點，是需要被療癒的。

在此提出一個問題，請你去思考——有沒有哪個生命經驗，讓你有那種被丟掉的感覺？先不管你是不是真的有被丟掉，可能對方並不是那樣想，但你就是有此認為，覺得：「那裡不屬於我，我找不到歸屬感，找不到我跟大家在一起的感覺。」可能你是被孤立，或在求學階段被霸凌或不受喜歡、被排擠。

這是一個象徵，並非抽到這個原型就代表是孤兒或家庭不圓滿，所以很想療癒自己從小那個沒有被愛夠的自己。

我們再看回這張原型，他一個人坐在星球上，仰望著別的星球，感覺孤單。他看著外面的星球，心裡面想說：「就讓我自己一個人吧！」孤獨小孩心裡面會產生一種深刻的信念——認為靠別人是沒有用的，因為靠山山會倒，靠人人會跑。由於這股內在信念，抽到孤獨小孩的人會很獨立、把自己活得很好。

他在自己的孤獨星球上，認為別人都沒有辦法幫他。即便真的有人要幫他、要跟他連結、想要靠近他，或是問他：「你需要協助或幫忙嗎？我可以跟你一起喔！」但是孤獨小孩原型很強烈的人，會說：「喔，謝謝，不用了！我自己做就可以了，我可以自己搞定的。」

他會渴望跟別人親近嗎？會渴望靠近別人嗎？是的，他渴望愛又懼怕愛，因為內在恐懼於被人遺棄，讓他在跟人互動時像活在自己的孤獨星球，無意識地把別人往外推。他心裡面的台詞可能是：「嗯，沒關係啊，我很好。我一個人可以很好，沒關係。反正我獨立自主慣了。」於是在工作或團隊合作時，事情總落在他的身上。他孤軍奮戰慣了，不習慣與人合作，甚至當別人想幫忙，他也會無意識地把別人推遠。

這個無形的肢體動作像在說：「我自己來就可以了，這樣還比較快、比較方便，我一個人做事三十年了，我不需要別人。」但同時心裡一邊埋怨：「為什麼都沒有人肯幫我？你看！我又被遺棄了！你們就是跟我父母一樣。」久而久之，他就會變得有點像刺蝟。慢慢地真的就是獨自一人，完全驗證他心裡面的信念——這個腳本會不斷在這個原型狀態裡上演。

卡洛琳．密斯覺得小孩是每個人都有的原型，所以可能這六個小孩，隱約都是你的一部分，只是可能某些特質會比較突顯。看看你有沒有孤兒特質，展現在自己哪些個性上吧，你不一定有被遺棄的經驗，但如果這是你跟靈魂約定在此生必需要體驗的一個課題，你就會體驗到無法跟自己或跟別人親密連結。你會一直很渴望別人靠近，站在自己的孤獨星球看著別人的星球說：「怎麼沒有人要來理我，沒有人要來救我？」但當別人靠近你時，你又會把別人推開，因為那不是你熟悉的能量。你會覺得很怪——別人為什麼要來幫我，為什麼要來靠近我？最後你又會形成一個結論：「對，我真的是個孤兒，我又再度被遺棄。」

如果這種情形發生在你的對象身上，怎麼跟這種人互動呢？保持安全距離地告訴他：「我會在這裡，如果你需要的話一定要告訴我。」面對這樣特質的人需要主動發起邀請，讓他知道需要的時候他可以告訴你。

如果在靈魂契約盤裡有這張，可以幫助覺察自己現在有哪些行為模式，一直把別人往外推、把自己搞得很孤立，但抽到這張牌的人卻不容易覺察自己正在把人家推開。

孤獨小孩解讀引導

當遇到「孤獨小孩」這樣的劇本時該怎麼辦呢？

我們或許可以這樣問：「你有想要跟大家連結嗎？你有想要去自己的孤獨星球以外的星球看看嗎？」如果你想要去別的星球看看，當你需要的時候，你就可以前去，跟人產生連結；而且你還是可以回到自己的星球，讓自己擁有獨立的空間。不過呢，現在你可以先打開新的頻道，到別的星球裡面，跟其他星球的人在一起，讓別人幫你，並且有機會跟別人連結。

最重要的是——你內心真正的想法是什麼？真正需要的是什麼？你有想要跟別人連結、開始跟別人產生連結感嗎？如果有的話，就請收起你刺蝟般的尖刺，告訴別人：「我需要你幫我。」「我想要跟你們一起玩。」「我想要跟你們在一起。」如此一來，那個孤獨小孩，就會有機會去翻轉生命的孤單模式並且創造連結。

#自我覺察：你有「孤獨小孩」原型嗎？這個原型在你的生命歷程裡，曾扮演什麼樣的角色？為你帶來怎麼樣的影響？你想要創造與人之間的連結嗎？你的生命經驗是不是有機會去翻轉這個「孤獨小孩」的能量呢？

光與影的靈魂指引

生活上渴望展現之光明特質

- 渴望獨自面對生活或學習上的挑戰與恐懼。
- 渴望在周遭親友、同事的支持漸少甚至離你而去時，也能驅使自己勇往直前、自立自強。
- 察覺自己在物質匱乏之上的恐懼，擺脫過於依賴他人的習性，提升自信及自我實現的能力。
- 本著早年個人生活中的孤獨歷練，來幫助發展心靈的獨立。

生活上渴望清除之陰影特質

- 在生活中被迫獨自面對生活或學習上的挑戰與恐懼，因而身心疲累或能量低落。
- 感受到周遭親友、同事的支持漸少甚至離你而去，急於尋找其他可以替代的人，缺乏自己勇往直前的勇氣，阻礙了身心靈的成長。
- 擔憂自己物質上的匱乏，有依賴他人的習性，缺乏提升自信及自我實現的能力。
- 受困於早年個人生活孤獨經歷的陰影下，無法成熟，拒絕獨立成長。

Child: Wounded

孩童：受傷

有同理心、慈悲心、想要保護內在小孩受傷的心。

受傷小孩解析

圖中的人抱著小孩，憐惜著、疼愛著。受傷小孩非常具有同理心和愛心，帶著孩子般的純真跟柔軟。他擁有一顆天真的心，能敏銳地觀察到別人情緒的不舒服跟受傷狀態，同時很能夠理解他人的感受。

有這個原型的人不太需要你訴說「現在需要安慰或什麼」就能理解你的不舒服，他會用自己的方式陪伴你、照顧你。可能是在你上廁所時偷偷在你桌上放一張紙條：「沒事的、沒事的，一切都會過去。」讓你覺得：「真是太貼心了！」或者有一些真的是小孩，他會突然跑來你旁邊做別的事情，讓你的情緒隨之飄過，變得放鬆開心。

在「受傷小孩」這張圖裡，站在後面的大人，抱著兩個孩子——是誰受傷了呢？抽到這張牌的人，可以看看這張牌，想看看自己是哪一位呢？是這個大人，還是前面的孩子？你可以自己投射一下。

其實，兩個角色都是你。這個「受傷小孩」因為過去在生命經驗裡受傷、受苦了，有一些心裡面的傷害，這讓他更懂得別人為什麼傷心、為什麼別人心情不好、為什麼現在那個誰誰臉很臭、為什麼現在這樣子他不開心？受傷小孩很有同理心、愛與慈悲心，因為自己曾經受過傷，所以他會想要去呵護曾經受傷的內在小孩的心，很想要保護自己。這個受傷小孩慢慢地長出自己的力量，等到有力量發光了，就能去保護更多跟他一樣的人。

講到這裡，你可能會聯想，其實很多有受傷小孩原型的人，後來都會從事像社工人員、心理工作者、助人工作者等，這個類型的工作。他們因著自己可能有一個受傷的原生家庭環境；或者是受過傷的各種情緒與生命經驗；我也認識一些被家暴或性侵，或者曾遭受負面對待的人，他們會走向這種助人或療癒的工作，因為很想要照顧跟保護自己內在那個受傷的小孩。

受傷小孩解讀引導

這個原型提供給我們的一個思考是——去覺察自己有沒有這樣的生命經驗，特別是在怎樣的事情上，你會很想要去保護或者是去照顧什麼類型的人，這些絕對跟你過去受的傷是有關係的，因為你內在的「受傷小孩」在召喚你。

經由詢問並探索過往的經驗，重新看見並且理解自己。受傷小孩因著自己的受傷、曾經有過生命的痛苦，所以能知道他人心裡的傷，也更能去接納每一個人，提供同理和照顧。

#自我覺察：是否有哪段生命經驗，讓你想要保護、照顧別人呢？

光與影的靈魂指引

生活上渴望展現之光明特質

- 渴望勇於面對過去身心受創、痛苦的成長過程，選擇去經歷生命重要的功課並學習。
- 渴望處理自己或別人身心受創的記憶和經驗，試著喚起或學習同理心和寬恕，清理深藏內心的負面能量，完成生命中重要的靈魂功課。

生活上渴望清除之陰影特質

- 想處理自己或別人身心受創的記憶和經驗，試著喚起或學習同理心和寬恕，然而卻感覺疲憊、能量低落。
- 將過去生活上一些不正常關係怪罪在自己身心受創的痛苦成長經歷上，自艾自憐，拒絕藉由寬恕來成長。

牌卡小練習

探索、連結這六個孩童原型——哪個小孩與你最有連結？讓你想到什麼生命經驗與提醒？

請你去探索一下，你跟六個內在小孩牌組之間的關係，你可以選擇一個最有感覺的，當然如果你時間比較多的話，六個都連結一下也不錯。

如果你現在手邊有牌，你可以把這六張牌拿出來抽。把這六個原型洗一洗，在心裡面想著：「哪一個小孩跟我現在最有連結？」然後你可以探索你跟這個原型小孩，比如說，你跟神奇小孩的關係，或者你跟永恆小孩、受傷小孩、孤獨小孩……這些內在小孩之間的關係。

寫下你想到什麼、想起自己哪些體驗、想到過去的什麼經驗？以及你抽到的這張牌，給你什麼樣的提醒。當你抽到內在小孩的某一個原型，就表示這個內在小孩在等待你去照顧他。

Prostitute

妓女

交換的平衡，物質金錢的付出與獲得之間是否平衡。

妓女解析

這張牌面上的女人光溜溜的，感覺好像很墮落，為了物質、金錢在工作。

這張牌代表一種行為模式，是關於物質上的「交換」，可以幫助我們覺察在交換的過程中，你感覺平衡嗎？而在交換的背後，有一個施與受的議題，他幫助我們去覺察生命當中有沒有不平衡的互動狀態，確認這樣的狀態是否符合你心中的公平。

這個原型把身體當作一個賺錢的工具——每一張牌都是一個象徵，不要被「妓女」這個名詞的刻板印象設限。例如狀況可能是：你為公司做得要死，但心裡面對於那樣的報酬感到很不平衡。

在妓女的光明面時，你不會因為物質、金錢上的需求而出賣自己的肉體或是靈魂（出賣是指，心裡感到委屈，需要忍受、妥協各種不平衡狀態）。

若處在陰影面，則會為五斗米折腰，用任何覺得可以得到所須的方式生活（就算不平衡還是需要生存，因為需要收穫）。

舉例來說，假設你想要離職，老闆決定多給你兩萬元挽留你，此時，你是否會留下？有些人覺得可以彌補（陰影）；有些人則認為做自己想要做的事才能平衡，所以婉拒了老闆的好意（光明）。

妓女解讀引導

這張「妓女」原型，身上放了很多很多鈔票，非常豪邁地躺在床上。請你感受一下，這樣的狀態和姿態，給你什麼感覺？

這個原型有一個很重要、要帶領我們「自我覺察」的劇本，是關於我們內心裡的交換。我把他分類在物質，也就是土元素的地方。他提醒我們在日常生活中一些做決定、判斷、選擇時，檢視對自己來說，是不是有處在舒服跟平衡的能量狀態中。這種平衡，會讓我們再一次重新去審視，我們在物質層面上的收穫跟給予，是否有能量失衡的狀況。特別是可以對應到目前生活裡，你在面對收入與支出（說到物質，我們總會想到錢）——你覺得什麼事情應該要付錢？什麼事情該收錢？應該收到多少？你自己有沒有一個相對平衡的交換機制呢？

光明屬性的「妓女」原型，是不為五斗米折腰的一種平衡狀態，即便面對著很大的利誘，也能很清楚地面對著自己的心。處在妓女原型光明面的這些人會去看利誘的條件是否足以通過自己內心那一關、是不是符合心中的平衡標準。

至於他的陰影，就會變得很容易為了五斗米折腰，或者說「有錢能使鬼推磨」。處於妓女原型陰影面的人，當遇到別人拿金錢利誘你時，即便他叫你去做一些比較不正當的事，或者會傷害自己價值觀的一些事情，你可能依然還是會答應。

舉一個最簡單、生活化的例子，假設你今天遇到一個案子，有個老闆他要你去做一件事情，你明知其實他做的事情不是那麼有正當性，或者不合法、也不那麼光明正大。然而，他願意給你非常多錢，你會不會答應呢？

其實，心裡的標準只有你自己清楚，只有你知道哪些是可以、在你心裡是平衡的；而哪些是不平衡的。所以，當你要收錢的時候，你自己是不是該去感受一下，在這件事情上，你的給予、付出，是否真的跟你所收到的金錢相匹配？是不是讓你感到平衡？而不是你其實處於一個失衡的狀態，可能出賣了自己——無論是肉體、靈魂或出賣了良知。

當物質交換已經超越了你心裡面的平衡時，我們就會落入妓女原型的陰影面。以最世俗的方式來講「妓女」的話，就像以前很多八點檔，如：玫瑰瞳鈴眼、藍色蜘蛛網……都會這樣演，有一些人比較辛苦，得去當酒店公關、酒店小姐、酒家女……。碰上這種社會底層黑暗面的部分，我們心裡可能都會想說：「好好的為什麼要做這樣的工作？」儘管現在已有非常多性別意識和性別平權都在談論：「性工作也是一種工作，是用自己的方式在付出、賺取所需，沒有去偷、去搶，其實是完全沒有問題的。」不過陰影的妓女，就像在這個社會上大家仍普遍比較難以認同的，他是屬於比較負面、容易受到批判、批評的一種價值觀跟想法。至於光明屬性，則是大家都比較可以認同、所讚賞的，而且在你自己的感覺上也會是比較光明的一種能量。

因此，即便這兩個狀態是互相並存的，但我們仍可以從物質的給予跟收入狀態，去看見陰影妓女要給我們的這個學習是什麼？

首先最重要的是——去看我們內心在答應一件事情的時候，你用什麼樣的條件、什麼樣的標準來判斷自己是否覺得平衡。就像剛剛舉例的，有一件不道德的事情，能幫你賺取很高的報酬，你會答應嗎？我相信有些人可能會答應，他可能就覺得，反正只要我不是殺人、又不是要故意怎麼樣就好，儘管在這個過程中他可能是在鑽法律漏洞或賺黑心錢。

像是前幾年有很多食安問題，地溝油、黑心商品或是假貨在影響人民身體健康。如果那些食品公司裡的員工有機會來探索原型卡，可能就會抽到妓女。他有可能會是擔任品管要職、重要幹部的人。這時我就會問他說：「請問你現在做的事情，有符合自己內在的平衡嗎？你所獲得的收入跟你的良知，真的是平衡的嗎？你收這麼多錢，老闆可能用錢來封你的口，你一直在做這樣的事情，是不是其實還是為了五斗米折腰，你真的過得了自己這一關嗎？」

其實，這個「妓女」在陰影面，是有一點迫於無奈的。陰影妓女的心情就是迫於無奈、不得不——為了要守住金錢、獲得金錢，所以出賣自己的良知。有些人可能會說，反正做這件事的源頭是那個公司的老闆，我只是幫他執行的人。以我們的立場就會說，這其實是一種共業。

再回到妓女原型的光明面來看——你是不是很清楚知道，自己喜歡的狀態是什麼？你自己心裡面過得了關的條件是什麼？如果你處在妓女的光明面，面對金錢的誘惑，即便是在你正缺錢時，有高薪但是要你去做黑心事的工作，你依然會拒絕，因為你不會妥協。光明妓女在這個點上，會尊重自己內心的平衡條件，有別於陰影妓女會把錢放在最前面。

如果你有機會抽到這個原型，就要去覺察你自己現在做的某一件事，或你在問某個問題時，這個問題對你來說，是否內心是平衡的？你是落在光明的屬性？還是陰影屬性？你是覺得拿錢辦事沒問題；還是其實會考量自己的狀態，而不會過度地給予或過度地索求。

比如說，你做一個牌卡諮詢服務，會收多少錢？那些費用收入，你自己是否覺得平衡；而你給予的服務跟時間，是不是也跟你所收到的費用是相平衡的呢？這是我們在生活中能很直接運用的。如果你在陰影屬性裡面，可能就會是覺得——我好像收到了不少錢，但是給人的東西很少；或者給得太多，但是收到的錢就是很少。

我自己覺得這個原型是非常生活化的，因為只要身為人，你就會有「妓女」能量。這就是凱洛琳・密思博士說，我們有四大原型。這是人類最常出現的共通原型，第一類就是前面的六個小孩、內在小孩牌組。第二個類型就是「妓女」。

看著這個原型，我們必須很誠實地面對自己。你可以同步思考一下——目前生活當中，現在的收入，跟你所付出的時間、金錢跟能量，你覺得有平衡嗎？通常比較平衡的狀態下，比如說，你賺了非常多錢，同時也付出非常非常多的心力，你自己覺得平衡，那其實就沒問題。可是如果你投入得非常非常多，做得很累，但是你的收入很少，那就要來看是不是施與受、給跟收這兩端哪裡出問題了。

這個原型其實滿常出現的，我常常在做個案諮詢的時候，對方問工作、問什麼，都還滿常會有人抽到這個原型，那時我通常就會問：「你現在的薪水怎麼樣？」他可能說：「現在的薪水其實不多，就夠用而已，也沒辦法存錢。」我就會說：「那你工作累嗎？工作時間呢？」他就會接著告訴我：「其實這個工作是特別選的，朝九晚五、完全不需要加班、沒有任何工作壓力，去那裡把工作做完就可以走人了。」因為他抽到這張，我就會問他：「你覺得平衡嗎？你覺得這樣的收入跟這樣的投入時間，ＯＫ嗎？」他如果跟我說：「很ＯＫ啊！這就是我要的。」我們就能判斷他覺得以這張牌來說，他滿可以當一個自在的妓女原型。

當有人抽到個原型，我會跟他談比較實際的狀態，因為這張牌我把他歸類在土元素。另一個案例是對方抱怨公司、抱怨主管、抱怨他的工作等等，好像苦不堪言。結果我一問他薪水多少，他說十幾萬、二十萬，我可能會想說：「ＯＫ，這樣子是應該要累。」可是這件事情不是由我們來評價的，而是要回到對方身上，因為他可能是一個公司的經理或總經理，要管很多很多的事情，真的壓力很大。

於是我就會跟他討論這些很實際的狀況。他聽完我講，又聽了這個原型的故事之後，好像更清楚了，他心裡就會有一種鬆綁的感覺，想起：「沒錯！我其實就是需要這麼高的薪水，因為住很好的房子、開很好的車，還要養小孩、養老婆、養父母……，還有很多的保險金要繳。」那我就會說：「嗯！你就在這個工作好好地做吧！因為這確實能夠讓你生活平衡。」他聽完我講之後心裡面就比較輕鬆了，也就能夠把注意力投入自己的能量裡。就像妓女，為什麼性交易可以收到那麼高的費用？那當然就是因為其實要投入、付出的，不是我們所能想像的生命能量。

#自我覺察：現在的收入，跟你所付出的時間、金錢跟能量，平衡嗎？

光與影的靈魂指引

生活上渴望展現之光明特質

- 克服為了求生存或經濟壓力而出賣自我靈魂或意志的挑戰。
- 覺察自己是否會受制於外界的誘惑和權威，進而輕易出讓才華、構想或任何資源。
- 誠實面對有關重生蛻變和重建自尊的生命課題。

生活上渴望清除之陰影特質

- 面對為了求生存而出賣自己靈魂或意志的挑戰，然而感到疲累或能量低落。
- 為了求生存或經濟壓力，屈就自己而出賣自我才華、構想、靈魂或意志。
- 擔憂物質供給和生活保障而忽略自我尊嚴，或容易受外界的誘惑和權威的擺佈。

Saboteur

破壞分子

想法的自我設限、認為自己不夠好，
信念扯自己的後腿，破壞自己的美好。

破壞分子解析

熱氣球象徵夢想起飛、身心美好的一個願景，但有個人坐在熱氣球上，手裡卻拿著一根針，你認為他在幹嘛？

當搭上熱氣球的他看著夢想升空，心想：「我真的好希望這件事情可以做到！」但內在卻升起過往的聲音，不斷質疑自己：「我能做到嗎？我嗎？應該不行。」然後拿出預藏的針，扎出小洞，看著熱氣球慢慢消氣。接著他就會說：「我真的能力還不夠，現在還不適合。凡事都有最好的安排，現在這機會不是我的，我還要再沉潛醞釀。」他不是劇烈地破壞，而是慢慢毀壞，同時他也完成了一個自驗預言：「看吧！我就說過我做不到啦！還不夠好，我就是這麼笨。」

這是非常根深柢固的習性。我們本應在檢視自己的信念後，為了夢想突破、勇往直前，但這些人莫名會落入一種看著自己夢想升空，卻滿是害怕跟擔憂的窘境。

這個原型有幾個思考點能讓大家去聯想。第一個是直覺聯想——你想到熱氣球這個畫面、這個場景，有什麼樣的感受呢？你們覺得熱氣球有一個什麼樣的形象？給你什麼意象感受呢？

在這個畫面上面，熱氣球的升空，是象徵著一種，夢想起飛的感覺——我們的目標、理想、願景一直不斷地往上升。當然，這有可能包括了我們各種高度，比如說，你的地位、或是各種成就，一直不斷提升。請想像一下，坐在熱氣球上的人，離地面的人越來越遠。下面的人看著熱氣球不斷上升，他們會想說：「哇！好棒喔！」有一種羡慕或祝福，一種很美好的感覺。然而坐在熱氣球上面的人，心裡面卻會開始冒出一些陰影，當熱氣球一直不斷地上升，他可能會想說：「哇！如果這樣一直不斷往上，各種狀況越來越高，那我是不是要負擔的責任、壓力就更大了。」

當自己設定了一個目標，在全然投入時，你心裡面會不會有一種恐懼？我真的可以做得到嗎？我真的有辦法嗎？我如果跟這個熱氣球一直不斷上升，狀況會這麼順利、這麼完美，就是不斷往上升嗎？

當熱氣球一直上升，各種狀態就越來越有高度了，而這也象徵著我們也得要一直不斷往前進、成長，去追求更高的理想。就在這時候，「破壞分子」內心的陰影就出來了，他會把他藏在口袋裡面的針拿出來，然後在熱氣球上面弄破一個洞。

破了一個洞會怎麼樣呢？坐在熱氣球上的，可是弄破的這個人自己！不過他也不是直接地做了很強烈的破壞，只是劃破一個小小的洞，然後熱氣球就慢慢地漏風、降下來。這會讓他感覺比較放心，因為這樣他就不用再繼續往上了。這時候我們心裡面會覺得鬆了一口氣，因為不用再繼續成長、不用再繼續改變自己了，我回到原地就好了，不需要再升空了，那看起來是個慢性自殺的行為。

這個原型也是四大原型之一。這張牌被我分類在思想的牌組。這個「破壞分子」身為四大原型，我們每個人內在都有，他住在我們的潛意識裡面，偶爾會跑出來破壞你、這樣戳你一下。戳什麼呢？

這個「破壞分子」要我們覺察的是——在目前生活當中，有沒有哪些你想要的目標，但是你沒有辦法達成？你想要，但是做不到；你設定了目標，但是你沒有辦法完成。無論是什麼樣的目標，可能是一個很物質的目標、工作的目標、業績的目標；也有可能是你學習的目標、突破自己的目標。

思考一下，你目前想要做的事情，沒有辦法做到，是不是因為有一些你內心對自己的破壞？是不是你內在的信念覺得：「我不行、我不能、我不值得、我不配、我做不到、我沒那麼厲害、我沒那麼好。」所以你就會先把自己搞下來，搬石頭砸自己的腳。有時候我們會說，這叫做「扯自己後腿」，當你設定好目標，你就會開始在裡面搞破壞。是不是覺得人類真的很奇怪？為什麼我們要這樣——明明設定好的目標，為什麼要搞自己破壞呢？

那是因為，成功是需要代價的。有些事情，要做到你想要的目標，你是需要努力、需要改變自己的。所以，這個破壞分子說穿了，他是不想改變的人。他覺得：「我不需要成長，成長好累，還要改變，就活在舒適圈就好了啊！這樣就可以了。」

「破壞分子」的光明面就在告訴我們，要去覺察自己的內在是否對於「想做的改變」有一些害怕跟恐懼。有時候人真的很奇怪，很怕自己會變得太好、怕自己變得太厲害。其實我們會很害怕展現自身的天賦才華，很怕自己這麼好，同時也怕別人看到我們真的這麼好或其實沒有那麼好。你也會怕只是自我感覺良好而已，其實自己可能沒有想像的這麼有料；或是別人會酸葡萄、眼紅。所以就想要隱藏自己、破壞自己。

其實這在心理學上是一種很經典的心理狀態。我另外舉一個例子，雖然不是「破壞分子」的原型，但我覺得有點像。當我們看到有一個人，你覺得他／她很帥、很美、很完美，是你的天菜，是女神、男神。但這個人也可能會有一點小出糗，比如說，放屁或是走路走到一半跌倒。你以為這會讓天菜掉分，但其實對於我們來說，反而會覺得他／她跟我們比較親近，你會更喜歡。

將這個原型帶回到我們日常生活裡，他要我們去好好覺察——這是一個很深的內在信念、一種信念系統，你要看是用什麼樣的方式在拉住自己，不敢或不想讓自己太好、太優秀。

為什麼呢？有一個部分就是剛剛提到的，因為你很怕變得跟別人不一樣。如果你是在家庭／家族當中比較優秀的人，我在猜你或許會有這樣的心情。比如說，你的其他手足可能都沒有你優秀，或者沒那麼會賺錢，而你比較像是人生勝利組。有時候我們就會有這樣的心情，你似乎不太敢讓自己的成功太被彰顯。或是你的狀況，是像前面講的，有很多才能、非常地才華洋溢，但內心某部分又非常地壓抑自己，覺得：「人怎麼可以優秀成這樣？真的是太矛盾了！」

舉例來說，假如你是學校老師，很可能遇到過這樣的孩子。他想要參加一場比賽，但是他又覺得，如果要去參加，就一定要拿到獎；同時他心裡也會覺得，如果沒有辦法拿獎，他會很丟臉。所以很可能他的內在、無意識中就會在去參加比賽之前，產生一個自我破壞的行為——要不就是突然身體出狀況；要不然就是出車禍，或者突然怎麼了，讓他沒有辦法去參加比賽。

這個破壞行為可以算是成功喔，他成功地合理化，讓他得到一個非常冠冕堂皇的解釋。然後別人會說：「好可惜喔！要不是你那天打球手扭傷，不然你參加鋼琴比賽，一定會拿到冠軍的。」然而真相只有這個孩子心裡明白——是因為他對自己沒有信心，所以不想去參加鋼琴比賽、不想去面對結果。所以他的無意識才會搞出一齣戲，讓他打球或幹嘛的時候手扭傷，沒有辦法彈琴。

這樣的狀態其實一直不斷會出現在我們的日常生活當中，我們常常為自己設定了一個目標，但是又很害怕，真的去做時，你沒有自己想像中那麼好，萬一這樣不就丟臉了嗎？請你想一下，目前的生活裡有沒有哪些狀況，是你自己想做但又被自己給破壞掉的。我相信一定有，因為我們內在真的很喜歡搞這套——拉自己下水，扯自己後腿。

破壞分子的解讀引導

目前生活中有哪些目標是想要卻無法達成的？有什麼想做又被自己破壞掉的？為何害怕成功？成功的缺點又是什麼？你怕自己設定目標，卻不成功，就丟臉了嗎？

你要回來檢視你的腦袋如何看待自己。去覺察生命的互動關係、自己想做的事情，或者你有沒有自我破壞的想法在破壞自己。是否無意識地認為自己不夠好，而引發內在信念的恐懼，然後你因此作賤自己、罵自己。這是一種防衛機制——先說自己不夠好，免得熱氣球掉下來。你很想要，但要不到於是自我破壞，你覺得這樣做有什麼好處？就不用成長、改變、負責任了嗎？

這裡的「破壞分子」就是你設定的目標，是你心裡面非常無意識的。其實我跟個案談這個原型的時候，聽到很多人會說：「老師我怎麼可能這樣，我又不是瘋了。我是怎樣？我怎麼可能會這樣搞自己？我巴不得自己趕快成功！」這時我會說：「是嗎？但是你抽到這個原型。老實說，你心裡是不是有一絲一毫覺得，其實成功跟達標也是有一些缺點的。」這個原型就是要你去問，問他：「你為什麼害怕？你在害怕什麼？你在破壞什麼？為什麼成功跟達標會讓你感到恐懼？成功的缺點是什麼？」這時，他可能回答：「因為如果一直往前、一直不斷努力、成功，真的是要不斷地付出很多認真努力的代價，於是很害怕自己，是不是沒辦法做到。」

你一定要仔細地、誠實地問自己或抽牌者：「這真的是你要的目標嗎？會不會有可能不是，而是別人給你的。」然後要很落實地去想，真的達標之後會怎樣？去想如果真的目標做到了，有什麼樣的缺點，可能會因為太優秀、太有能力被嫉妒；或者老闆就會給你更大的責任，然後你就會累死……。無論是什麼缺點，我們都要再追問：「這真的是你要的嗎？那做到之後有什麼優點？」因為破壞分子原型一定會想到缺點，所以你就要追問優點。如果你真正付出、努力了，而事情真的做成功、如你所願，他對你的意義跟價值是什麼？優點是什麼？

由於我們基本上都希望自己是朝向光明面、平衡，而不是在失衡跟陰影狀態下。所以我們要好好去覺察，自己是不是有破壞行為。然後誠實地判斷，這個目標是否真是你想要的？如果你想要，請全心全力投入、往前邁進，不要在過程中又阻撓自己，因為這會很耗能。千萬不要每次掉下來，你就說：「那我們再次升空吧！」再次升空前，你要搞清楚，其實那有可能真的不是你想要的。

在這個過程中，你會需要去除很多的自我設限。如果你有在帶學生，也要不斷地告訴他：「你就是天生這麼優秀，你就是跟人家不一樣。」同樣地，你在這個過程中，也要去忍受、去接納，你就是跟別人不同，你就是這麼地優秀，你就是隨便做就可以做得到。

如果你對於自己設定的目標，已經在過程當中投入了很多，那麼就要一邊去看，自己有沒有偶爾會失去信心的時候。這個「破壞分子」，對於我們日常生活來說，就是指我們失去信心的時候。你可能會覺得說：「不用太努力，不用有太多改變，因為成長很累。」我們要去檢查，自己是不是對於這樣的狀態、對成功有一些怯步。

這個原型不只是在講物質的目標，很多人抽到這張原型是關於感情、戀愛。對於太美好的戀情，他會覺得是假的，然後自己就要一直去破壞。我有一個個案就是這樣，她說男朋友很愛她，可是她會一直不斷去測試，找別的女人誘拐他。我說：「妳有事嗎？」但她說心裡就是覺得：「怎麼可能這麼好、這麼完美？這麼好的男人怎麼可能愛我？」這時我會告訴她：「妳是對自己不肯定嗎？妳不相信嗎？」

這就回到第一句，前面就講過，覺得自己不配、不值得。所以才會搞破壞，毀壞自己的感情。藉由一直不斷做愚事，來證明這個男人不管怎樣都是愛她的。

因為我們人內在隨時都在搞自己破壞，所以我在這裡多講了一點，舉各種可能性的例子，讓你了解。我們就是會破壞自己，然後處在那種弔詭、矛盾的狀態下。像這樣的狀況適用在所有情境、所有狀態、所有問題上。

#自我覺察：內在缺乏自信、自我價值感不足，這些負面語言都是在拿石頭砸自己的腳。想法是一切的源頭，去檢視你的想法如何破壞你自己。

光與影的靈魂指引

生活上渴望展現之光明特質

- 檢視潛藏在內心根深柢固的思維模式或信念，覺察其對平常行為及生命帶來的影響。
- 生活上渴望面對一些會阻礙自我能力提升以及生活向前邁進的擔憂與恐懼。
- 覺察自我因自卑或自我否定，導致做出一些阻礙能力施展和成功的決定。

生活上渴望清除之陰影特質

- 習於被內心根深蒂固的思維模式或信念所轄制，任其對平常行為及生命經驗帶來負面影響。
- 面對生活壓力所帶來的擔憂和恐懼，深覺自我能力必須大大提升，然而在缺乏自信及自我否定之下，又阻礙自我發揮出最大潛力，無法做出果斷、明確的決定。
- 習慣處於否定自我或他人的行為模式而不自知，導致身心疲累、能量低落。

Victim

受害者

處在一種受苦的情結中，渴望被了解內心需求，
學習真正為自己負責任。

受害者解析

這個受害者坐在這裡，有種很可憐的感覺，他環抱自己的雙腿、縮在胸口，腳泡在水裡，內心說著：「我好可憐、我在受苦、我是被害的。為什麼是我？為什麼都是我？我好希望有人來安慰我！到底是誰害我坐在這裡？都是你們！你們不知道我現在很冷嗎？我腳泡在水裡！千錯萬錯都是你們的錯，全世界都對不起我。」

你覺得為什麼他要坐在這裡呢？他想要獲得什麼呢？

這個角色，其實就是在博取同情。他坐在這裡，擁抱著自己裝可憐，就是在發出一種訊號說：「你們看，我很可憐，你們有看到我現在很可憐嗎？我好冷、快來救我。」如果有人正在關注他，他就會繼續加碼說：「我坐在這裡都沒人要關注我，都是你們害的，是你們害我變這樣。」

受害者最典型的台詞，就是——是你們害我變成這樣，千錯萬錯都是你們的錯。我會這麼可憐，都是你們害的。

如果抽到這個原型，非常典型的狀況，就是「正在受苦」。你目前可能正在受害狀態，或有某種受苦跟受害的情結，才會讓你同頻共振地抽到這一個原型。

遇上抽到這個原型的人，首先一定要先了解——他目前的需求是什麼？需要什麼？如果你立刻告訴他：「趕快站起來，把腳離開水，這樣就不會冷了。」他可能會看著你，然後說：「我就是沒辦法離開這個狀態，我只能繼續坐在這裡。」

受害者也是我們人類四大原型之一，所以每個人的內在，都有這種扮演受害者原型和受害者情結的本能。

有受害者，一定就有一個加害者，而這個受害者，一定會召喚加害者來加害自己。

不知道你是否遇過這種類型的人，就是你看到他那副德性，就很想罵他、揍他，但他卻一臉「我不懂為什麼你們都要這樣對我，為什麼你們都要罵我？」通常這樣子的人，從外型跟他外顯的狀態，能很明顯地看得出他就是非常標準的受害者。他會認為他目前的生活當中所有的苦，都是別人害的。如果你就是那個被他認定的加害者，他一定會把這個標籤貼在你身上。他會認為——我所有的苦，你都要負責，你要對我負責。我之所以會變成現在這樣，都是你害的，如果不是你，我就不會這麼慘。他就是沒辦法離開受害者的位置。

接下來第二層次，我們就要來想——剛剛我們是看到他的表象，但其實是不是還是要先了解他的需求。在他心裡面一定有個正在受苦的情結，等待有人去了解他。請注意，他的需求其實就是：「一定要有人了解我的苦，我這麼痛苦、這麼辛苦、這麼糟，需要有人了解我。」

接著我們進入第三個層次，來看看這個受害者，為什麼坐在這裡不想動呢？其實我們看任何一個原型時，都要去思考——既然這個人會維持某一種原型的模式，那就表示這個模式對他來說是有益或具有意義的，否則他不會持續這些模式與行為。

受害者的好處是什麼呢？可能是想要得到別人同情、獲得他想要的東西或以退為進。因為他的苦，讓他有條件可以去跟別人談，免費獲得安慰、召喚支援、卸責等等。因為他把所有的矛頭都指向別人，不用為自己負責，其實就是一個不想為自己生命需求負起責任的人。他無法勇敢正視、去爭取他的需求。

換個角度想，如果一個人可以直接開口說「他要什麼」，他還會需要透過這樣的受害者模式嗎？其實他就是因為沒有其他方法，現在只會這一招，裝可憐比較快。再加上剛剛說的那麼多好處——不用承擔責任、不必為自己負責，無須為自己挺身而出，也不用說出心裡面真實的需要，而是透過裝可憐、苦肉計，然後博取同情，讓別人關注他。

有一種類型的受害者是，因為他的正向特質讓他要不到糖吃，所以就用負面特質、負面行為來要糖吃。比如說，有一些孩子會透過優良的學業表現，或者在學校的一些優異表現，來獲得老師跟家長的讚許，像這樣的孩子，就是我剛剛所說，用正向特質跟正向行為來獲得肯定與關注。但你們都知道，有些孩子比較沒辦法有好成績或好表現，那他們會怎麼樣呢？他們就容易變成受害者，會裝可憐、展示比較弱的部分；要不就跟同學吵架、打架或各種鬧事來獲得關注。「受害者」就是屬於這樣子的類型。

受害者把自己放在一個受害角色的位置，其實不只是單純呈現出自己的弱點而已，更有一種「被別人迫害」的感覺。他內在的無意識一定會演出一個戲碼，召喚另外一個人來加害他，好讓他繼續受害、讓他有台詞可以怪罪別人說：「都是你的錯，都是你害我變成這樣。」然後加害者繼續加害，受害者繼續受苦。

在心理學講的三角關係裡面，有受害者、加害者，也還有一個拯救者。拯救者現在還沒有要上場，後面才會出現，在原型卡裡面就有一個原型是拯救者，上述這三個是一組的。

我相信你一定有聽過一個說法——其實受害者自己本身就是加害者，受害者自身也一定有某種迫害別人的行為，他們常常是一體兩面的。雖然現在坐在這裡的人很可憐，苦苦哀求別人關注他。但也有另外一種類型的受害者是：「不能只有我受苦！」而帶有一種同歸於盡的感覺。他們覺得怎麼可以只有自己受苦，一定要拉人一起受苦，把別人拖下水，讓別人知道自己有多苦。像這樣的人，就會反過來變成加害者。就好像以前那種惡婆婆，因為她被自己的惡婆婆迫害，成了受害者；於是當她自己變成婆婆角色時，她就覺得：「我都苦過來了，也不能讓我的媳婦好過！」

當我們的原型能量，這種業力模式一直無意識地在生命當中循環而不自覺的時候，你就會同樣用這樣的方式對待別人。直到有一天，你終於意識到自己不能這樣，決定斬斷業力輪迴，你才可以免於把這樣的狀態繼續複製給你的下一代。比如說，我偶爾也聽聞一些父母或長輩，可能因為看了一些書，或透過某些成長、學習，他們發現：「原來我的苦是我的苦，我不需要讓別人跟我一樣苦。」如此一來他就從受害者的情結脫離，可以翻轉這個劇本，然後有機會自己重新站起來。因為他已經發現，其實是因為自己無法滿足自身內心的需求，才會渴望別人來愛自己。

最後，再講另外一個層面。其實受害不僅限於有加害者的對象，有時候我們也會把一些自己身上發生過的事件當成加害方，例如那種非常經典的——生病、出車禍等等。這有點像是破壞分子的加強版，你不只扯自己後腿，拿石頭砸自己的腳，還會讓自己陷入受苦跟受害的情結之中。

有一個非常經典的例子，是我之前的一個個案。她得了乳癌，因此來找我。看她抽到這個原型，我問她：「妳知道自己內心發生什麼事情，導致妳生病嗎？」她說：「這跟我內心發生什麼事情有關嗎？」我說：「有。因為妳的狀態，一定是生活當中的一些痛苦累積，或心裡苦悶。才抽到受害者。」我問她到底想要什麼？她就開始跟我講起一個很長的故事。

她說，她根本不想結婚、生小孩、做家事，也不想要怎樣怎樣……，可以她現在的狀態，這些事情全都發生了。她的工作是學校老師，但她當老師是因為她媽媽是老師，所以想要她也當老師。然後她就為了成全媽媽的夢想，很努力地考上老師；接著也是因為她媽媽希望她結婚，她就去結婚。她媽媽說，既然都結婚了，就要生小孩，所以她去做了小孩，然後生出一對雙胞胎……，這一切都把她搞得太折磨了。這些狀態其實都不是她要的，但她卻都照著這個版本走下去了……。

受害者的解讀引導

自己的苦要自己解，你受苦是想得到什麼？是不是因為無法滿足自己，才向外索討呢？平時生活中有什麼事，你把自己放在受苦的位子卻內心竊喜？去釐清自己受的苦是什麼。你也可以問自己：「平常做何事可以療癒自己呢？可以為自己做些什麼？」

你要把外在需求回到自己身上，而不再為了別人。不因別人不滿足自己需求，而受到波動。只要你看清自己的需求，就有智慧去爭取你需要的。

抽到受害者的人有一種受苦的狀態，而這張牌可以幫助覺察，你是在哪個互動狀態裡扮演著受害者的角色，又為什麼要坐在那裡不站起來。

賴在原地不動當然有好處——表達渴望關懷、關心、博取同情或別人的愛。不用負責任，因為都是別人害的，自己很可憐，只有別人變好才會變好，所以儘管很苦，還是只能坐在這裡。

但若我們轉到積極面，你也可以想想——有沒有什麼事，你不需要透過被害者模式也能夠滿足需求？究竟，你坐在這裡是想要什麼？例如：想要被關注——是否有其他更有智慧或成熟的方法，可以讓你不用以受苦的方式坐在這裡，也能要到你要的？

你還可以繼續問——平常都怎麼樣照顧自己的感受？有沒有做什麼事的時候，你會感覺自己是被支持、會感覺自己心裡面舒服一些的？你能夠為自己做些什麼？

這樣子的問句，可以把受害者從外在需求的眼光帶回來，想想能夠為自己做些什麼。這樣子的提問，等於是把責任轉回自己身上，而不再需要去讓別人為他的快樂負責。只有在這種狀態下，你才能真正獲得解脫。當受害者不再渴求別人為他的情緒負責時，便比較不會因為別人的一舉一動而受到情緒波動。

如果你抽到或遇到抽到受害者的人，要怎麼解套？第一個，我們要知道、要了解，自己的苦得自己解。我們要找到一個解釋，讓受害者知道為什麼現在會是以這樣的方式在受害。我們要去釐清，受害者到底真正要的是什麼、想獲得什麼。

通常我碰上抽到受害者的人，都會問他說：「你認為這裡所謂的受苦跟受害是什麼？」那有可能跟過去的情結有關係，或跟過往生命經驗有關連。如果他覺得那件事情已經過去很久了，但現在又抽到，其實是代表那個受苦的感受，在他最近的生活裡面又冒出來了——可能不是同一件事情，也可能面對不是同一個人，但在他抽到這個原型的當下，正在有一種受苦情結跟受害模式。而我把「受害者」分類在情感牌裡面，也意味著這個人現在的情緒是需要被照顧的。

但如果他能夠開始正視自己的需求，並且能直接表達自身的需要，就可以當自己的拯救者。我那時候就告訴我的個案說：「如果你可以講得出來，我覺得你就有辦法救自己從這個受害者的角色離開。當自己的拯救者吧！」我那時候就指著這張原型的圖，告訴他說——你來找我，我要拉你一把，但也得你自己願意把手伸出來。

這個原型就是在告訴我們，我們要清楚看見自己的需求是什麼？想想自己是不是能用比較聰明的方式、有智慧地去爭取你的需求。我覺得變成受害者，比較像是一種爛招。因為如果懂得運用聰明智慧，其實不需要經過這種受害和受苦的模式。先讓自己受苦，好像變得比較有價值，然後去獲得你要的東西，這樣的方法是比較辛苦的。所以我常常也跟抽到受害者的人說，其實你可以很有智慧、很聰明地去獲得你要的東西，而不需要用這種受苦的方式。

#自我覺察：看清楚自己的需求是什麼。如果可以勇敢表達內心的需求，就不需要透過這些事件，來讓自己經歷痛苦了。

光與影的靈魂指引

生活上渴望展現之光明特質

- 覺察到自己與內我缺乏緊密的感情連結，長期缺乏照顧自身情緒，渴望積極地面對並療癒。
- 在生活上警覺到是否有遇到毫無抵抗下被傷害或遭輕率莽撞行為所侵襲的情況。
- 渴望處理、療癒在生活上某種自己或他人受害的情況，促進身心靈的成長。

生活上渴望清除之陰影特質

- 與內在的我缺乏緊密的感情連結，長期缺乏照顧自身情緒，導致身心疲累或能量低落。
- 生活上易於在毫無抵抗下被傷害或遭輕率莽撞行為所侵襲，任其侵蝕身心。
- 過於陷入被害情境，習於表現自己是弱者或受害者來博取同情或獲得利益。

#覺察日記

到這裡，四大原型都已分享完畢，我已帶領大家進入這個原型卡之門，開始知道熟悉每一個原型可以如何連結自身、怎麼去看他的故事、體會他的光明跟陰影。

面對每一個原型，你們可以這樣想：抽到這個原型，代表他目前原型狀態，那麼你覺得他是一個怎樣的人？有什麼特質呢？

像小孩牌組的共同特質就是——天真、純潔、好奇心旺盛、開心、任性、頑皮、胡鬧、屁孩、行動力十足、精力充沛、玩耍、自由。

至於後面的三個原型「妓女」、「破壞分子」跟「受害者」。不妨也在生活中去連結一下，寫下你跟這三個角色之間的關係。

第一個「妓女」幫你審視有沒有哪些給予跟獲得的平衡或不平衡。去覺察一下，你自己現在的狀態，比較偏向光明還是陰影。你是不為五斗米折腰，即便條件很好，但你知道自己有更想要去追求的某一種狀態，因而拒絕了嗎？

第二個「破壞分子」，你一樣可以去覺察，看有沒有連結到自己。是不是有哪些曾經你想要做的事情，被自己無意識破壞了？把自己那個無意識拉出來看一下、對話一下。看你怎麼、為什麼破壞自己，為什麼害怕成功？有成功恐懼症？夢想恐懼症？還是害怕自己太優秀、怕自己太美？害怕自己過得太好？

第三個「受害者」模式，則是幫助你看看自己有沒有哪些時刻，用了這些奧步、爛招來獲得自己的需求。你是無意識地裝得楚楚可憐，還是其實很清楚自己在扮演受害者，其實你沒有那麼苦？

Addict

上癮者

癮頭、沉迷、無可自拔。手面對著海浪，
海浪象徵一股吸引力，而人是抵擋不了海浪的。

上癮者解析

這個「上癮者」，你看他的圖像，一個人推著海浪、用手去抵擋海浪，這海浪就好像一直朝他襲擊而來的一種能量，甚至有點像是業力的感覺。對我們來說，無論在生活裡或工作上，其實我們難免都會遇到一些人或事，讓你覺得他就一直不斷地朝你而來。這比較不像被追著跑的感覺，因為被追著跑，是身體背對、被追趕，而這個，是你直接去迎接、正面對著襲擊而來的浪潮。而那排山倒海而來的事情，可能是一個具體的工作、物品或者人。

這個海浪是一個隱喻，是一個展現我們在生活當中碰到的某種吸引力之象徵物。請你現在聯想看看，這個吸引你的象徵物是什麼？他可以是一個人、一件事，或者某個你想要投入的頻率或狀態。

抽到「上癮者」這個原型，你可以很直接地問：「你現在對於哪些事情有上癮的感覺呢？」哪裡有一種癮頭，就像股吸引力，一直不斷地吸引你，其實你是不會有抗拒感的，因為你用手去抵擋海浪也抵擋不了。這個上癮的能量狀態，對於我們其實有很多的好處——這些好處當然就是會被列在光明面。比如說，你對工作上癮、對爬山上癮、對各種刺激的極限運動上癮。

以「上癮者」的光明面來說，你會對一件事情十分投入並得到其中的好處（如：成就感），或覺察自己被慾望所束縛住。

而落入陰影面，就會過度執著、在生命能量上過度依賴（如：工作、購物），或者沉浸在娛樂、物質慾望中而失去控制。

上癮者解讀引導

「上癮者」協助我們去覺察自己在生活裡有哪些上癮的感覺或上癮的行為。

對工作上癮、或者是你對某一個狀態，例如：對喝酒上癮、對珍珠奶茶上癮、對某種食物上癮，或者是對於跟某個人相處的任何感覺上癮。你都可以去觀察一下，在投入這些事情跟這些關係、狀態裡的時候，你獲得什麼好處？這個光明面帶給你什麼樣的感受？既然會上癮，一定有很大的好處，或有帶給你一些好的感覺。

或者像有的人，參加某些健身活動，可能會很疫、很痛苦，但這些痛、疫、麻、發抖的感覺，其實也是頗有讓人上癮的能量的。所以要請你看一下自己現在的狀態——你認為哪些是在你目前的生活當中很有吸引力的事物，他又帶給你什麼樣的正向、光明感覺呢？如果是以我自己來說，因為喜歡投入我自己熱愛的這些工作的能量，我自己的光明面就是會帶給我很多的成就感，這種成就感其實讓我心裡面是非常滿足的。當一件件事情不斷完成，課程、教學、個案等等，我就會很有成就感。

當然在陰影面，我也得要去覺察自己，是不是對這些事情有一些執著，而且這些執著的狀態有時候是很無意識的。

#自我覺察：請問問自己——生活中有對什麼狀態上癮？生活中吸引你的是什麼？那些癮頭給自己的好處是什麼？滿足了你內心裡哪些感受？你想要往哪個狀態靠近？是否發現自己沉浸在怎樣的壓力或痛苦裡？

光與影的靈魂指引

生活上渴望展現之光明特質

- 察覺到自己被外在物質或肉體慾望所綑綁。
- 警覺到自己過於熱衷某種工作或娛樂。
- 極力想克服正沉溺於毒品、菸酒、食物或性等生活狀況。

生活上渴望清除之陰影特質

- 被外在物質或肉體慾望所綑綁而不自覺。
- 熱衷於某種工作或娛樂當中，讓身心感到疲累、能量低落。
- 沉溺於毒品、菸酒、食物或性等，導致失去自我控制和內在平衡，遠離了身心的和諧和健康。

Hedonist

享樂主義者

及時行樂、活在當下，感官享受當下的美好。

享樂主義者解析

「享樂主義者」著重對五感的享受、及時行樂，同時也在麻痺自己，逃避不想面對的，因為享受時可以分散注意力，不去談苦難，將注意力全轉移到感官享受中。

這個像女神一樣的女人躺在舒適的地方，右手拿著一串葡萄，左手邊還有許多水果，處在「今朝有酒今朝醉」的享樂狀態中。享樂主義者重視感官——眼、耳、鼻、舌、身的享受。他的眼睛喜歡看表演、耳朵喜歡聽音樂、嘴巴喜歡吃美食，身體好玩樂、休息放鬆。

你可能常聽到有人明明要減肥，卻說：「嗯！我們現在要先慶祝減肥，來去吃大餐吧。」這聽起來似乎怪怪的……，但對及時行樂者來說，享受感官娛樂和刺激，就是現在生活的焦點。

「享樂主義者」這個原型，有一種及時行樂的能量。他會覺得就是要好好去享樂、去享受自己當下生命的美好。所以，當我們抽到這個原型——特別是在問一些建議牌，希望這個牌卡給我們建議跟指引的時候，抽到這個「享樂主義者」。那麼解釋非常直接地就是——宇宙告訴你，你現在就應該去享受當下，不需要覺得有罪惡感，或者懷疑：「我可以過得這麼爽、這麼好嗎？」他就是要你把注意力的焦點，放在目前生活當中的美好，你值得去感恩、去感謝、去享受。如果你有學過數字學，這個原型我覺得還滿數字7的，當然這是光明面，是開心、感恩、享受享樂、活在當下。

這種美好，常常是我們生活中會忘記的，因為我們可能被一些事情給牽絆，像是你心裡面牽掛孩子、牽掛工作等等，讓很多的事情懸在心裡面，結果就忘記要享受當下的喜悅與快樂，忘記自己是可以享樂的。

「享樂主義者」光明面，會喜歡體驗生命中所有美好事物，或覺察自己被物質慾望控制住。

要是落入陰影面，則會由於樂不思蜀而傷害到其他層面，像健康、家庭等，或者過於期待體驗不同事物而導致身心俱疲。

享樂主義者解讀引導

「享樂主義者」提醒我們，其實在我們生活的那個當下，要去專注在這些美好的事情上面。你就好好地去享受你正在吃的葡萄吧，而不是把這個能量放在自己的辛苦上，然後一邊吃葡萄、一邊嘴巴還在碎念、抱怨生活當中辛苦的事情。

這個「享樂主義者」有一種提醒我們及時行樂、今朝有酒今朝醉，不用想那麼多的意味。所以，如果你要問：「要不要減肥？」抽到這個原型，表示他要告訴你：「親愛的，先吃完這一餐再說吧！減肥永遠是明天的事情！」你可能現在此刻，就是先享受、先享樂就好，而不必一直想著要節食、減肥。

不過當然，太過享受，只一心專注在享受、享樂上，就會有一種陰影出現，例如：樂不思蜀，你可能一直在把妹、泡夜店，還是怎樣，但都忘了其實還有一些其他層面的問題，會傷害到某些人或自己的健康等等。

#自我覺察：在你生活中有什麼是想要去體驗的呢？是否有將注意力轉移到美好的事物上呢？

光與影的靈魂指引

生活上渴望展現之光明特質

- 渴望盡情體驗生命美好事物，激發創造能量，慶讚人生美好。
- 渴望深刻品味物質世界裡各式美好事物，如：美食、酒、性、休閒娛樂或各樣感官的刺激等。
- 覺察到自身對物質慾望和感官體驗上的負面信念或道德束縛，渴望投入其中享受歡愉，勇於面對被誘惑和失去控制的恐懼，進而達到心靈轉化與超脫的境界。

生活上渴望清除之陰影特質

- 過度追求物質世界裡各式美好事物的享受，如：美食、酒、性、休閒娛樂或各樣感官的刺激等，導致身心失衡或能量低落。
- 耽於享樂導致過度放縱，忽略與他人情感交流互動，感情停滯，或不顧他人、自身的健康和幸福。
- 過於期待要獲得或體驗自己喜歡的東西，包括有形或無形的，例如：食物、娛樂、學問、生活技能或工作等，導致身心疲累或能量低落。
- 想投入物質和感官體驗，享受所帶來的歡愉，然而與內在對其之負面信念或道德束縛產生衝突和拉扯，陷入被誘惑和失去控制的恐懼，無法達到心靈轉化與超脫的境界。

Gambler

賭徒

冒險、直覺、放手一搏。

賭徒解析

撲克牌代表了機率、遊戲，而牌中的賭徒正是身穿著撲克牌花紋的衣服。

「賭徒」有一種心態，他要追求危險、刺激，仔細看他那身代表運氣的衣服，彷彿在宣告：「我就是想要試看看，放手一搏！」他矇住眼睛、手往前伸，腳踩在鋼索上，帶著冒險特質、命運遊戲和機率的心態往前走。

賭徒的性格是：「這次不管輸還是贏，都要繼續賭——如果這次中了樂透，我便再拿出十億繼續買，這次贏一點，我要再贏更大；如果這次沒中，那就還是繼續買，就算又賭輸了，也要賭到贏回來為止。」因為他總覺得會贏更多，所以有很多理由帶領自己往前走，不顧別人的感覺和想法。

抽到「賭徒」的人，你可以說他的光明面是很勇敢的，敢於冒險且信任自身直覺。但過於信任直覺的陰影面就是太固執、堅持己見，因為他不聽人勸，只想著孤注一擲就能得到好處。他也不想努力，只想要靠機會不勞而獲。不勸還好，越勸他越要去，你說這條路不准走，他就會走給你看，欠缺深思熟慮。

如果處在平衡的光明狀態，他將能勇於選擇未知領域且不猶豫，跟隨直覺去做並得到豐盛成果，打破理性思維的生活模式。

但如果處於不平衡的陰影面，就會缺乏變化、沒有活力，過度執著而未真正投入，或太直覺行事導致不顧一切。

賭徒解讀引導

出現撲克牌，其實就會有一種「命運跟機會」的感覺，就好像翻開前，都不知道會出現什麼，所以有一種博奕、輸贏，或者看機率等，這類賭賭看的感覺。因為你不確定會抽到或被發到哪張撲克牌。這個「賭徒」的原型性格，本身也就有這個感覺。

這個「賭徒」他就矇著眼睛、踩著鋼索走在上面，而且他竟然還是單腳走鋼索，手往前伸、腳還抬起來——這就代表其實他另外一隻唯一站在鋼索上面的腳，其實非常穩定。這也代表著他心裡面的確定感，其實是滿篤定的。即便他可能不太知道自己是不是真的會贏，但「賭徒」性格就是這樣，就是要繼續賭一把。

當碰上這種人，他周遭的人往往會滿替他擔心的，這有點像是塔羅牌的0號「愚者」牌。愚者背著小包包，已經走到懸崖旁邊，他旁邊有隻狗汪汪叫提醒他，但這個愚者自己其實非常清楚，他現在是走到一個什麼狀態，有種大智若愚的感覺。而他其實也有點覺得：「沒關係，那就試看看，我覺得就是要這樣做。」

「賭徒」原型就有著類似這樣的一股能量，他其實是願意嘗試的，也想要試看看。那為什麼要矇住眼睛呢？有一個部分是因為，可以避免掉外在一些會讓他不愉快的這些聲音，例如：對他的評價或批判。畢竟，遇到「賭徒」性格的人，家人一定會跟他說：「你不要再賭啦！應該收手了吧！」但如果他就是「賭徒」原型的話，輸贏他都還是會賭一把。

「賭徒」有一個滿大的優點跟光明面，就是會傻傻向前衝、信任自己內心的判斷。我去過兩次賭場（Casino），覺得滿有趣的，我會在旁邊觀察那些一直坐在台前的人怎麼下注。比如說，應該要把這顆代幣壓什麼數字上，其實「賭徒」都會有一種非常強烈的直覺力，會覺得：「我現在這一輪一定壓哪個數字就會贏！」他們非常信任自己內心這種直覺的聲音。所以，即便旁邊的人說應該要壓別的數字、應該怎麼樣，他還是會聽從自己的直覺，然後就真的會被他贏到錢——這就是「賭徒」的光明面。

對於賭徒，這裡有一個提醒——勝敗乃兵家常事！你其實不必太在乎得失，把注意力放在過程當中冒險的感覺，然後觀察自己有什麼感受跟變化，可能會是比較重要的。因此，如果你抽到這個原型，也可以留意一下，這種「賭」的感覺是為了賭而賭，還是真的清楚知道自己在做什麼？一旦做了決定，就必要提醒這個「賭徒」，要為自己的行為負起責任。

#自我覺察：你是否是為賭而賭？知道自己的行為目的為何嗎？

生活上渴望展現之光明特質

- 渴望在緩慢沉悶、缺少變化、沒有活力的生活當中，勇於選擇進入未知領域，即使面對再多的質疑也不猶豫。
- 身處於優勝劣敗的氛圍中，勇於面對不確定未來、孤注一擲的人，包括某些企業家、貿易商、創業家、行銷業務員以及在政治圈及其他社交圈打滾的人。
- 堅定地跟隨直覺行事、做抉擇，在目前生命中孤注一擲來獲得更豐盛的經歷。
- 察覺未來的不確定性，放下對未來發展的精確掌控，憑直覺及內在聲音隨生命自然流動。
- 渴望打破平常理性思考、深思熟慮及謹慎保守的緩慢、平淡生活模式，展現直覺力來加速改變。

生活上渴望清除之陰影特質

- 急於擺脫緩慢沉悶、缺少變化、沒有活力的生活，選擇進入未知領域，雖然面對質疑不猶豫，然而身心疲累、能量低落。
- 身處於優勝劣敗的氛圍中疲於奔命，厭煩於面對不確定的未來、卻需要孤注一擲的人，包括某些企業家、貿易商、創業家、行銷業務員以及在政治圈及其他社交圈打滾的人。
- 一味地跟隨直覺行事或做抉擇，導致在生命中跌跌撞撞、身心疲累。
- 急於打破平常理性思考、深思熟慮及謹慎保守的緩慢、平淡生活模式，欲展現直覺力來加速改變，然而力有未逮。
- 有強迫自己去賭運氣的傾向，即使在關係上也如此，不願努力工作來獲得成功。

Beggar

乞丐

索討、羞於說出自己想要的。

乞丐解析

他把臉遮起來了，因為覺得羞愧、不好意思。前面放著杯子，等待別人的施捨，他是被動的、被給予的、要看人家臉色的角色。

想想看，如果你是乞丐，在要跟別人要東西的時候，你會有什麼樣的感覺？如果你常常如此伸手跟別人要東西，你有什麼感覺？其實會有一點覺得羞愧、不好意思吧。

話說回來，如果你有錢，你會去跟人家乞討嗎？所以，「乞討」就表示沒有，才會去跟別人要。也因此，他會覺得不好意思、很丟臉，想說：「為什麼我會淪落到這個地步？還要跟別人要東西，為什麼我都沒有辦法給自己呢？」

你看這個「乞丐」的狀態，他也不是用手把整張臉都遮住，而是遮一點點，還露出指縫。這個手很有戲，就好像在看恐怖片——很想看又不敢看。

這個「乞丐」，其實滿心期待、很想看別人到底有沒有給他錢，畢竟在這裡乞討，就是要得到東西才會覺得很開心；然而，他又不好意思——他呈現的這種不好意思的狀態，我覺得比較像是他的陰影。「乞丐」陰影的層面，就是有一種覺得丟臉、羞愧的感覺。

回到正向的層面來看。如果你是「乞丐」，跟別人要東西這件事，你覺得有什麼樣的光明面和優點呢？他不偷不搶，直接跟別人要、大方地表達自己。回到你的個性來看，你覺得自己在需要些什麼的時候，會勇敢地告訴別人嗎？會勇於去跟別人要你想要的東西嗎？

其實，這就是承認自己的不足，可能就是有哪些東西，你沒有辦法、你沒有，但你願意向外求助，願意伸手去要。

抽到了「乞丐」的原型時，代表你現在內在的狀態就是「乞討」這個狀態，如果你還是很不好意思跟別人要，就可能會落入陰影。

所以，我們該怎麼協助自己在這個原形上去發展出光明面呢？

請勇敢去要吧！如果你是「乞丐」原型，他就是你靈魂的能量，而你卻不敢去要的時候，就會餓死。

我把他歸類在物質層面，這其實就是一種生命的基本盤，可以協助我們去看見自己內心這種生存的需求。也因此，很常有人是在工作的主題上會抽到「乞丐」這個原型。他就是要提醒我們——如果有不懂的，你是不是敢發問？是不是敢提出來？是不是敢告訴別人：「其實我覺得我在這裡碰到了問題，但我不知道問題在哪裡，只是覺得很卡。我卡住了，希望你們可以來支援我。」

光明面的「乞丐」能勇敢去要，而且敢說敢要就有機會成真，能呈現自我肯定與信任的狀態，也能覺察到自己物質或心理上的渴求。

「乞丐」一旦落入陰影，就會變得不好意思去要，缺乏自信跟肯定，且因過度仰賴外在條件使得自己身心俱疲。

乞丐解讀引導

「乞丐」這個原型有個值得我們思考的部分——當你面對生活困境時，可以怎麼突破和面對，尤其是那些跟生存有關的議題。為什麼會需要透過乞討、當乞丐來存活？這個原型要讓人檢視的，可能是錢的困境，如果是，你會怎麼找方法？你是否可以提升自己的能力，例如：去就業服務站尋求協助、參加職業訓練、申請失業補助……。

光明屬性的乞丐，可以在覺察自己需要去面對、克服一些狀態的時候，去訓練能力、培養自己，透過自我能力的提升，讓自己不需要再跟別人索討。

要記得，每個角色都是隱喻，不一定是真指乞丐狀態，有可能是抽到原型的人，有一個「跟別人要東西」的行為模式正在發生。這種「要」也可能是情感上的，例如：感情、注意力等。

如果今天有人問感情，抽到乞丐，他告訴你自己確實用盡各種方法乞討別人給他愛，要怎麼鼓勵他的光明屬性呢？答案是——鼓勵他透過自我能力的提升來肯定自己，如此就不需要再跟別人乞討了，因為想要的愛他可以自己給。

然後，他就能保持一種「可以勇敢地為自己去爭取，然後去拿到自己想要的東西」的狀態。

給不給是別人的事情，但也要看你願不願意大方地去告訴別人你的需要。唯有當你大方地去跟別人索取，別人才可能會幫助你補足這個拼圖的一塊，而你也才有機會拿到這個你所要的、缺少的東西。如果你抽到「乞丐」，你就要開始去練習「敢要、敢說、敢提出需求」喔！

#自我覺察：如何跟別人討取呢？又是什麼讓自己不敢去要呢？

生活上渴望展現之光明特質

- 渴望勇於面對現實世界中求生存的挑戰，或得面對一個自我能力提升的考驗。
- 喚醒內心在自我信任和自我肯定的生命課題，渴望呈現自尊及謙遜的特質，驅使自我心靈成長。
- 渴望脫離長期性依賴，努力充實自己，改善自我生存環境與條件。
- 警醒察覺並處理自己在關懷、愛、權利和物質上的渴求。

生活上渴望清除之陰影特質

- 在生活中，需面對現實世界求生存的挑戰或面對自我能力提升的考驗，然而力有未逮，導致身心疲累或能量低落。
- 缺乏自我信任和自我肯定，無力呈現自尊及謙遜的特質，阻礙自我心靈成長。
- 在生活上處於長期性的依賴，缺乏自我能力的提升，仰賴外界改善自我生存環境與條件。
- 深感在關懷、愛、權利和物質上的匱乏與渴求，一味依賴外界資源和施捨，導致身心疲累或能量低落。

Thief

盜賊

剽竊、偷取有形無形之物。

盜賊解析

「盜賊」其實跟「乞丐」滿不一樣的，因為「乞丐」是自己沒有，所以就透過乞討，等待別人給予。因為給不給是由別人決定，所以他只負責「要」就對了。不過「盜賊」的行動剛好相反，「盜賊」看到他想要拿的東西，就會去拿。不是對方主動給予的，而且對方不見得會知道——這個是跟「乞丐」最大的差別。「乞丐」去要東西的時候，自己很清楚知道，這是他想要的；而對方給他時，對方也是很清楚知道，這是他想要給他的，就是你情我願。

「盜賊」的英文是用Thief，其實就是「小偷」這個字。我幾年前在做這套牌的中文翻譯時，有就Thief這個角色跟主編討論把「小偷」換成「盜賊」，因為小偷被貼了一種太過汙名化的標籤，很多人抽到小偷，都覺得：「怎麼會是小偷，我不是小偷啊！」因此很多負面的能量在「小偷」這兩個字上面，於是我們就把他換叫「盜賊」。

「盜賊」帶有一種風度翩翩的感覺，你可以看到他的圖就是非常地帥氣，打開披風斗篷，裡面還有一顆心。看著這個愛心在能量上的象徵表現，可以想見，他偷走的東西不一定只是錢。我們會說，他偷走的常常是一些更無形的東西。如果我們先看他的陰影，其實就是指「竊取」。竊取別人的物質、錢財，或者是把一些創意、點子、想法等等這些東西偷走，但是他不一定會告訴你。就像有很多人會盜用別人的東西、別人的文案，用別人的講義資料去做自己的宣傳等等，這些都是「盜賊」的陰影。

那「盜賊」的光明面又是什麼呢？想想看，身為一個小偷，偷別人東西的這個光明面是什麼呢？你們覺得，拿到別人的東西之後，他可以有的好處是什麼？劫富濟貧、像廖添丁，類似這樣的光明面嗎？

確實，在抽到「盜賊」這個原型之後，重要的就是，如何鼓勵自己往這個光明面去發揮。你可以問問：「你拿了這些東西之後，想要做什麼呢？」

光明面的盜賊，拿到東西、取人靈感發展成自己的，成為獨一無二的特色。覺察自己盜取他人的行為，並看清楚自己欠缺的。

陰影面的盜賊，會完全複製他人所有，沒有自己的想法。並且過度感受自己欠缺的財富、創意或才能。

在「乞丐」這個角色裡面，如果我們可以給自己愛、給自己支持，其實你就不需要去跟別人討愛。而「盜賊」這個原型其實也是，如果你自己本身擁有很強大的才華，其實你可以發揮出自己獨一無二的特質，別人怎麼偷都偷不走的，就算別人想要偷你的技術，其實也真的很難複製。所以，即便他拿了你的東西去做自己的發展，和你做出來的東西，也會是差異很大的。例如：教學文案即便相同，不同老師的教學風格、案例分享、教學的一種能量過程，都是很難被複製的。

有人說：「好的藝術家都是偷別人的想法，但是不露出馬腳的。」對！其實這個就是光明面的「盜賊」。這就像我們自己在生活當中會有很多的觀察，比如說，你看到一些東西、去參觀一個展覽等等，就會有很多的靈感。像我自己也是會觀察一些東西，我很喜歡去逛一些店家，看看那些東西，甚至會提供給我很多發想、靈感。取這些靈感，轉化成自己的東西，就是一個高級的「盜賊」。

盜賊解讀引導

比較重要的是，當拿了這些東西之後，要想怎麼運用、怎麼發揮。比如說，有人拿了別人的一些創意、盜走別人某些資料，那他是如何使用這些資料的？原封不動完全複製，拷貝貼上直接用、一字不改——就是陰影屬性。但如果是光明面的「盜賊」，他其實就會去增加創意、做修改。當他做了一些修正調整後，就會讓這個他偷回來的東西，變成是自己獨一無二的特色。

我常常鼓勵「乞丐」跟「盜賊」這兩個角色的人，可以去發展出自己真正有能力的東西，而不是光乞討跟盜取別人的東西。我們可以鼓勵這兩個原型的人，朝光明面的方向前進，讓他變成是一個自己擁有的富足特質、發揮極佳的天賦、個人的才華等等。像「乞丐」其實他自己本身的能量，就擁有很充足的自我配備、能鍛鍊自己，那他其實就不再需要去跟別人要了。

盜賊則要我們去覺察，哪些是你很想從別人身上拿過來用的，例如：透過閱讀去學習大師的風範，用在自己的專業上；同時也去檢視自己身上有哪些獨一無二、是別人想要跟你學習的特點。圖上這顆心象徵的不只是物質，也代表著你內在的靈感、想法及智慧。

#自我覺察：拿到那些有形或無形的東西是要做什麼呢？是要怎麼發揮呢？

光與影的靈魂指引

生活上渴望展現之光明特質

- 察覺自己擁有且嚴防別人偷走的寶貴資產，例如：才能、創意、金錢、感情、友誼或安全等。
- 勇於面對自己瀕臨失去自信的情況，冷靜地看清哪些能力是自身擁有或缺乏的。
- 提醒自己對於錢財、想法或感情上，不要用抄襲或偷取的方式得到，渴望積極學習開發內在的能力，讓自己有更多自信和自我肯定。

生活上渴望清除之陰影特質

- 在生活上面臨需要拿出自己有形無形的資產，如：才能、創意、金錢、友誼或安全等，來與他人合作、交易或開創事業時，卻觸及內心害怕失去和缺乏自信心的陰暗面，導致過度地自我保護。
- 強烈感受到別人所擁有而自己缺乏的財富、創意、才能或感情經歷，急於努力學習與開拓自我潛能，然而卻導致身心疲累或能量低落。
- 自己對於錢財、原創想法或感情等，有強烈的欠缺感，急於想用任何方法來獲取，甚至想用抄襲或偷取的方式得到。

Midas/Miser

富翁・守財奴

無限、豐盛：富翁願意分享，越分享越富有。
有限、匱乏：守財奴不願分享，越不分享越缺少。

富翁・守財奴解析

這個原型，同時畫了兩個角色在牌面上面——「富翁」跟「守財奴」。他們都是很有錢的人，你覺得最大的差別是什麼呢？首先來看看「富翁」的圖，他的錢不是用袋子裝起來，而且他是不是正在把他的錢，一個一個往外拋出去，一臉很開心的神情；至於「守財奴」，則是把他的袋子裝滿了錢，抱住這個袋子。

「富翁」跟「守財奴」這兩個角色，最大的差異就是在於資源，是一種「資源無限的富翁：資源有限的守財奴」的概念，他們一個願意分享、一個不願分享。

「富翁」相信越分享會越豐盛、越富有。但「守財奴」就覺得：「不行喔！如果我只有一個饅頭，給你半個，就只剩下另外一半的饅頭了。」「我一個月的薪水就這麼多，給你了一部分，就只剩下這一部分了。」「守財奴」是有限的；「富翁」則是無限大、越分享越豐盛，就像聖經裡的五餅二魚一樣，越吃越多。他一直不斷地給，然後就像聚寶盆一樣，源源不絕地變出資源來，這是「富翁」的能量。因為他相信，當我給出了，將來就會十倍、百倍、萬倍、千萬倍地回來。不同於「守財奴」認為給你一塊，自己就少了一塊。在「富翁」看來，他給你一塊，就會再獲得十塊，是完全不一樣的思維。

富翁‧守財奴解讀引導

「富翁」的能量是無限、沒有限制的，因為只有在這種狀態下，「富翁」才會認為，宇宙會無限大地一直不斷創造。但以「守財奴」性格的思維，卻會認為：「薪水就這麼多，很難再賺更多了！」所以要他一個領死薪水的人，花一萬塊上課、花一萬塊繳房租，然後還要花一萬塊吃飯，他會覺得：「那我這三萬塊就沒有啦！」這其實就是「守財奴」有限的概念。他會以一個固定狀態，去扣除他已經分享出去的，但「富翁」卻是無邊無際的。

這個原型的光明面，就是富翁特性，會勇於面對財富、匱乏的議題並開創更大的豐盛。陰影面則是守財奴特性，因急於想創造金錢而力有未逮，因面對損失跟匱乏的恐懼而產生失落感。

#自我覺察：有什麼是能夠給出而更豐盛的？你感到自己匱乏無力的原因為何？我們可以回歸到抽牌者的生命經驗，想想看——你是一個樂於分享的人嗎？那你都分享了什麼？

光與影的靈魂指引

生活上渴望展現之光明特質

- 擁有極佳的機會，於內在也真切地渴望著拿出點石成金的企業家才華及創造力。
- 勇於面對財富損失和匱乏恐懼的生命課題，承接學習寬大慷慨的挑戰。
- 渴望開創一番事業，開拓一條匯聚物質財富的大道，讓周遭正在處理的事務都提升價值，並大方分享所創造出的富足。

生活上渴望清除之陰影特質

- 急於想累積、創造財富，尋求賺錢的機會及技能，也想拿出點石成金的企業家才華及創造力，然而卻力有未逮。
- 生活上常常要面對內心對財富損失和物質匱乏的恐懼，然而卻感到疲累或能量低落。
- 在沉重經濟及生活壓力下，過於擔心失去及匱乏，雖然外在想維持大方慷慨形象，然而內在會傾向於小氣守財。急於想囤積財富，甚至為個人利益而掌控一切。

Vampire

吸血鬼

共依存、互取所需的依賴狀態。不是高維度生命願景，
只維持生命基礎、滿足物質需求。

吸血鬼解析

「吸血鬼」這個原型，讓我們看一下這張圖，臉白白的、沒有血色。電影《暮光之城》（Twilight）和《屍速列車》（부산행）都是經典的「吸血鬼」原型的電影。

這個「吸血鬼」，他本身的能量狀態是比較傾向維持生命基礎的一種能量，他面無血色，就是一種沒有熱情、沒有活力的象徵。這個「吸血鬼」原型的角色，常常在西方會被拿來運用。如果在東方華人世界，對應的就是殭屍了吧！殭屍跟吸血鬼其實都有一種特性，就是會吸別人的血，當你吸了某一個人的血之後，那個人又會再去吸別人的血。也有的是吸血鬼一咬到他，他就變成吸血鬼了，然後他很可能再返回來咬你。像這樣，就是一種互相依賴、共依存。

「吸血鬼」這個原型有一種互相依賴的生命狀態，所以如果你問你跟某一件事情的關係，抽到「吸血鬼」，那其實就表示這之間是有一種互相的共依存。當共依存狀態出現在「吸血鬼」這個原型時，其實我們常常就會說——這不是什麼怦然心動的使命、天命，或生命高維度的願景，都不是。因為抽到吸血鬼這個原型就代表，其實你問的問題也只能滿足你的物質生活。

比如說，你問你跟工作之間的關係，抽到吸血鬼原型的話，就代表其實這個工作食之無味、棄之可惜，你可能覺得：「也只是去領薪水啊。」然後公司也需要你去那裡上班把事情做完。但對你來說，真正有生命能量的事情，並不是這份工作。

如果你是問跟某個人的關係，抽到「吸血鬼」，那就代表了可能你對這個人是有某種依賴的。當然，這個關係是相對的，就像我剛剛講的，你吸他的血、他一定也是吸你的血。比如說，你依賴他的情感，然後他依賴你的金錢。所以其實是一個人依賴一個層面，兩人打平、很公平。

吸血鬼的光明面，會善用互相依存的狀態協助彼此，覺察自己的依附狀態跟慾望。陰影面，則會任由他人或自己依存而不自知甚而耗盡，對於感情或物質有些依賴、緊抓住而導致身心俱疲。

吸血鬼解讀引導

這張牌非常經典，在原型卡角色裡面也是非常有特色的一張牌。

之前有個朋友來找我，問了工作的問題，他就抽到「吸血鬼」這個原型。他是學校裡的「萬年副教授」，也不想升等，自己覺得薪水還不錯，每天就是去工作；然後從學校領到的薪水，回來就提供給老婆、孩子使用。所以他是去學校吸學生的血，但學校也是吸他的血，其實是一體兩面的。更有趣的是，他問完工作之後說：「真是太準了。既然這樣，那我也想問一下我跟老婆的關係。」於是他又問跟老婆的關係，真的是好死不死，就是這麼準地又抽到了「吸血鬼」，我們看了不禁大笑。

其實，這個角色就是相對的——他去學校吸學生的血，學校發薪水給他，就是他的血袋；然後他的薪水袋拿回家貢獻給老婆，老婆又吸他的血。所以其實真的有一個在生活當中維持基本能量的一個「吸血鬼」，從這個關係、這個家庭、這個工作狀態裡頭，真的是一覽無遺。

#自我覺察：「吸血鬼」象徵著目前在你的生活當中，有人讓你吸血的狀態。那你當然也可以想——你吸回來的血，是提供給誰吸血呢？

光與影的靈魂指引

生活上渴望展現之光明特質

- 開始察覺自己與某人、某件事或某種環境是處於互相依存的狀態，但可以善用此關係來幫助彼此成長，而非耗盡自身意志和精神。
- 警覺自己在男女關係上，有一方因強烈的感情需求或慾望，以近乎陽性特質般地強力汲乾另一方能量，而另一方則較接近陰性特質地屈服，甚至任其擺佈。
- 察覺到自己在感情關係或工作上，長期緊抓著某人或某事物，過度依賴並長期抱怨，即使內心對其已經失去興趣或熱情。

生活上渴望清除之陰影特質

- 任由自己與某人、某件事或某種環境處於互相依存的狀態而不自知，耗盡自己的意志和精神。
- 在男女關係上，有一方因強烈的感情需求或慾望，以一種近乎陽性特質般地強力汲乾另一方能量，而另一方則較接近陰性特質地屈服，甚至任其擺佈，導致身心疲累或能量低落。
- 在感情關係或工作上，長期緊抓著某人或某事物，過度依賴、長期抱怨，即使內心對其已經失去興趣或熱情。

Detective

偵探

抽離感、有距離的觀察。為了追查證據找出真相，
有客觀理性且敏銳的觀察力。

偵探解析

「偵探」拿著一本書，書中間挖了一個洞——很像以前的老電影，劇中「偵探」會對紙糊的窗戶，沾口水弄一個洞；或是以前一些八點檔，在餐廳旁邊會有個偵探拿著報紙，假裝在看報紙，然後其實在報紙上有挖一個洞。這個「偵探」，本身帶有一種抽離感，所以他比較可以保持距離地觀察，這是他的特性。

放在陰影的部分來講，就會有一種好像「偷窺」、要窺視別人隱私；或者在別人沒有被告知的狀態下，當狗仔的狀態。例如：什麼週刊的記者或是去爆料的這些民眾，偷拍、跟蹤、跟監……。甚至有一些陰影的嚴重行為，比如說，會在沒有經過別人同意的狀態下，裝上針孔攝影機偷錄、偷拍，然後把這些資料外流、變成威脅他人的把柄等等。

接著我們回到光明屬性，把他往一個比較正能量的特色去看。（如果這個原型有對應到馬雅的原型，我們就會用藍鷹這個圖騰的能量去解釋他）。他具有一種觀察力、洞察力，還會用很敏銳的、獨特的視角去看事情，所以通常「偵探」看到的角度，是許多人很難去想像到的。我相信你應該有聽過、看過一些偵探小說或卡通，例如：福爾摩斯、名偵探柯南……。像這些「偵探」的原型，都是屬於比較正面的能量。因為他們沉著、冷靜，所以總是可以抽絲剝繭，然後順利破案。

「偵探」跟後面會提到的「好事者」，這兩個角色是有共通性的——兩個原型人物都渴望、想要探究真相究竟是什麼；他們會很想要了解真實的感覺、真實的狀態。於是便會很想去驗證真假，比較專業的就叫「偵探」；比較不專業的就叫做「好事者」。

如果你抽到「偵探」原型，就表示在生活裡面，你有時候也會用比較抽離的角度、抽離的距離來觀察一些事情。那同時也代表了，你在用抽離的角度看待、判斷一件事的時候，比較能夠發揮觀察力，觀看的角度也比較不一樣。你的觀看高度是比較高的，或者說，你看的點是用較另類的角度去切入，而不是跟別人一起攪和在一淌混水裡面，然後深陷其中且看不見真相。

「偵探」的光明面，能用不同的、抽離的角度去看事情，並看到真相。能夠明察秋毫、鉅細靡遺地找出資訊。

至於陰影面，則會過度重視細節、吹毛求疵，過於運用觀察力使自己疲憊。偷窺別人隱私如同狗仔，沒經過同意偷錄、偷拍等。

偵探解讀引導

善於保持一個距離，用敏銳的觀察來收集真相，偵探是一個專業的、真相的搜尋者。

「偵探」拿著一本挖了洞的書，透過這個洞來觀察世界。如同電視劇中的偵探，觀察人時一定都隔著一張報紙，象徵他是用一種有距離、敏銳的專業在觀察。以這樣的方式查找證據、找出真相，鉅細靡遺、抽絲剝繭地觀察。而且在這過程中客觀理性地處理。

例如：在朋友關係抽到這個原型，可能表示你保持某個觀察眼光和距離去看待這段關係（像偵探一樣，躲在報紙背後默默觀察對方），這樣的狀態，是否表示你不太信任這段關係而身處抽離呢？或者你在這樣的互動關係裡，常常會提出細膩獨到的見解與觀察。

#自我覺察：你可以想想，能否運用抽離的眼光去看待這件事情？運用觀察帶來的好處或是壞處在哪？

光與影的靈魂指引

生活上渴望展現之光明特質

- 渴望利用高度的觀察力和直覺力，找出生活上某些惱人、棘手問題的真正癥結所在。
- 渴望明察秋毫、抽絲剝繭找出真相或內部資訊。

生活上渴望清除之陰影特質

- 過於利用觀察力和直覺力，急於找出真相，使自己過度疲累。
- 被生活上某個惱人問題所困，急於找出癥結所在，然而卻力有未逮。
- 過於注重細節、吹毛求疵，導致過度干擾他人自由及隱私。
- 沉迷於窺探別人的隱私及八卦，接收或散佈偏差訊息及謠言。

Gossip

好事者·閒聊者

打探隱私、八卦，愛閒聊、閒話家常，
透過收集情報來與人產生連結。

好事者·閒聊者解析

Gossip這個單字就是閒聊、聊天的意思，他就像是一個閒話家常或者是比較喜歡八卦的人。讓我們看看這個「好事者·閒聊者」，我個人是覺得這張圖有點太真實，你看他們的嘴巴跟耳朵之間，其實有一個無形的能量連結，這個能量連結被畫出來，就好像在傳遞資料。他不是在舔對方的耳朵，而是一直在聽小道消息，或者八卦。左邊這個人在聽，右邊這個人在說。

抽到「好事者·閒聊者」這個原型的時候，可以自問或問抽牌的人：「你通常是聽比較多，還是說比較多？」如果你是右邊這個說得比較多的，那就表示，其實你還滿需要去找人聊你自己，喜歡找人說話，像找鄰居、找信任的閨密等等，你會去說，然後跟人產生生活中的一些連結。也有可能你是左邊這個聽的人，你很奇妙，可能會常常接收到別人來跟你講八卦。你都沒有自己去問，但這些祕密、小道消息，總是會跑到這邊來，別人就是喜歡跑來跟你說：「你知道誰怎樣嗎？」

無論你是聽的或說的，在光明屬性上，這就是一種很好的情感分享、情感交流。如果你是聽的人，某一個部分，也是因為別人對你懷抱信任，才會來跟你講祕密、講八卦等等。雖然有時候我們常常聽到有句話說：「我跟你講一件事，你不可以告訴別人。」結果明天就整個村子都知道了。回頭來看，當別人跟你說，你是不是會去保守祕密、口風很緊呢？這正是「好事者．閒聊者」必須要學習的一個光明面——有同理心、能夠去了解，也知道很多人對他的信任，然後可以守住祕密，不會像廣播電台。

「好事者．閒聊者」的陰影，就是像廣播電台，這是他的缺點，會到處散播謠言。才聽完一個八卦，後面就全部傳出去，發到所有的群組說：「你們知道誰誰誰怎麼樣……誰家的女兒怎麼樣……誰家的小孩考上哪裡？」對陰影屬性來說，擁有這些祕密，就好像掌握了一些情報。這些情報可以用來壯大自己的交友圈；或者透過這些情報，有時候可以跟別人交換些什麼。

其實前面提過的「偵探」跟現在的「好事者．閒聊者」都有像這樣的陰影——你掌握這些資訊，都不是在當事人面前談論的，而是透過觀察、偵探、偷窺；或者是藉由閒聊，從別人那邊聽來，也不見得是真實的。傳遞這些不當的謠言，或者是從這些資訊掌握別人的把柄，然後來做一些利益的交換，這些都是負面的陰影層面。

光明的「好事者．閒聊者」，善於情感交流、受別人信任、具有同理心且能夠守住祕密，期望分享傳遞訊息。

陰影的「好事者．閒聊者」則散播謠言、像廣播電台、愛八卦別人，他會背叛他人的信任，藉由傳遞祕密獲得利益。

好事者．閒聊者解讀引導

閒聊是有情感的，閒聊者無所不在，他可能現身在街坊巷口、辦公室，只要是有人的地方就會出現。

這兩個「好事者．閒聊者」交頭接耳在交換八卦、閒話家常、生活瑣事：「隔壁班的某某某是不是跟誰誰誰在一起？」「誰家小孩今年到底考上什麼學校，放榜了嗎？比我們家的差啦！」「這個明星跟那個明星在一起啦？」其中一個用八卦的方式來找真相、探別人的隱私；另外一個人比較像祕密收集站，他值得被信任，也很能保守祕密，只負責聽但不愛說。

他也是要找真相，但方式不專業。是透過問、透過聽、透過說，在閒聊的過程當中進行資訊交流。像是很多媽媽就會在菜市場，或是公園中跳土風舞的場合，形成有趣的聚集地，定時地交流家族大小事。

如果你抽到這個原型，請問問自己——你是比較喜歡聽，還是喜歡問的那個人？有些人抽到這個原型會說：「其實我不愛講，我不愛跟人家聊這些。」那我就會反問他：「是不是很多人滿愛跟你說的？」他們常常就會說：「對！我就覺得很奇怪，別人都喜歡跟我說。」

#自我覺察：問問自己，你是聽得比較多？還是說得比較多？想運用這樣的八卦方式得到些什麼呢？

光與影的靈魂指引

生活上渴望展現之光明特質

- 渴望與可信任的私密朋友分享祕密、傳遞資訊。
- 想破除他人外在表象，來探究內心真相，且深刻瞭解他人真實的感受與信念。
- 善體人意，重視他人對你的信任，並警醒自己在閒聊或談八卦時，是否無意中傳遞了有傷害性的謠言。

生活上渴望清除之陰影特質

- 在生活上急於找朋友分享祕密、傳遞資訊，然而身心疲累或能量低落。
- 厭煩於人們的表裡不一，急於探究他人內心真相，卻惹來許多麻煩和誤解而身心疲累。
- 生活中有意無意地散播謠言、背後毀謗，以及傳播誇大、有害和蓄意中傷的消息。
- 藉傳遞祕密或私密訊息來獲得自身利益，背叛信任，更甚者散播迷惑人的資訊和製造具傷害性的謠言。

Companion

◇◇◇◇◇◇

同伴

忠誠、無私、互相陪伴，
如同好朋友一般、具同理心。

同伴解析

顧名思義，同伴會跟你一起傷心難過、一起狂歡，是忠誠的陪伴者、情感的交流者。

他可以跟著你一起開心、一起笑，經歷你的喜怒哀樂，與你共同分享。他會是一個很好的支持、傾聽的陪伴者。

「同伴」的陰影屬性則可能會太過投入關係，全然無條件地支持對方，反而給人壓力，使人很想逃走。另一種狀況，則可能發生在朋友之間的背叛和傷害，或者冷淡、疏離。

光明面的「同伴」善於情感交流、受別人信任、有同理心能守住祕密，期望分享傳遞訊息。

陰影面的「同伴」則會散播謠言、像廣播電台、八卦別人，背叛信任，並藉由傳遞祕密獲得利益。

同伴解讀引導

這裡有兩個人，就像好朋友一樣、互相作伴。其實這個原型很好理解，「同伴」就是一同陪伴，可以互相分享生命當中的喜怒哀樂，是很好的夥伴。

「同伴」光明屬性的特質就是「忠貞」、「堅貞」、「無私」，我們常常在問關係的時候會遇上他。比如說，你問跟你媽媽的關係，抽到了「同伴」，其實就滿好的。我會直接說：「嗯，看起來你跟媽媽之間的關係就像朋友一樣，可以分享生活、分享痛苦、分享壓力。然後其實雙方也都能夠接得住彼此的情緒或感受。而不是一種上對下、權威，或者利益關係。」

「同伴」關係就是這樣子——並非權威、利益關係、上對下；沒有恐懼、害怕、不敢說、不敢溝通的狀況。

當然如果落到陰影面，就是沒有辦法陪伴了。那種人可能只想要聽你快樂，但你難過時不要找他。他可能比較沒有辦法在各方面都做到很好的陪伴和同理。也有一些，會讓人感覺不忠誠，這些都是同伴的陰影。

#自我覺察：渴望擁有一個真誠無私的伴侶嗎？或者，你自己是這樣的人嗎？在信任關係跟行動上是否有什麼覺察呢？

光與影的靈魂指引

生活上渴望展現之光明特質

- 渴望在人際間扮演忠誠夥伴的角色，或者你渴望有這樣一位夥伴。
- 渴望以堅貞無私之心輔佐另一位積極和主導性強的夥伴或同事。
- 渴望在彼此互信並資源分享的基礎上，建立合作關係。

生活上渴望清除之陰影特質

- 注重朋友或同事之間的相處、合作及人際關係，沉浸於朋友之間的情誼和互動，導致身心感到疲累或能量低落。
- 過於在意夥伴間的忠誠和堅貞，甚至願意為朋友兩肋插刀，但卻容易因期望過高而心碎，或過於付出而失去自我。
- 可能有意無意當中，做出傷及朋友情感及信任的行為。

Networker

網路建構者

訊息傳遞者，透過分享資訊來建構人際網絡。

網路建構者解析

這是一個連結人際圈的人，他能把大家都鏈結在一起，是一個連結資訊交流的狀態。這張圖很有趣，他在發信，就像是一個訊息傳遞者，他發出這些信件、分享資訊。他就是透過這些資訊的連結、交流跟分享來建構他的人際網絡。比如說，就是有一些滿擅長建立社群平台、臉書、社團、line群組，或者google上面的一些共享文件；發gmail、line@……這些事情的人。然後他們就是想要透過這些資訊的分享跟交流，建立一個群組的網際網路連結。對這些原型我們就會說——他是一個網路的建構者。

這裡的「網路建構」不是單純指線上平台、wifi這種網路，這個「網路」是指人際的一個網路圈、一個網絡關係。如果你有一些朋友，很喜歡在群組裡面說早安、晚安，或分享資訊、分享什麼，其實他就是滿典型的網路建構者——很喜歡做資訊交流、連結大家的凝聚力，重點是透過這些來連結大家的情感。

「網路建構者」的光明面，是善於連結情感、擁有凝聚力，能透過一些平台或社群分享知識。

陰影面則會傳播負面錯誤訊息、恐怖消息、恐怖訊息、恐嚇訊息等等，或者試圖分享、連結卻因此過於疲勞，甚至是習慣透過管道表達負面訊息。

網路建構者解讀引導

他透過資訊的分享，連結大家的情感，把新的資訊帶給大家。因為我自己有這個原型，所以還滿常做這樣的事情——自己建立群組、經營群組，然後把一些新的資訊分享給大家，像是有什麼好書、或是哪裡好玩、有什麼奇妙的消息，或是很共時的一些社會現象等等。或者像我之前在馬雅跟塔羅群組，就會討論很多名人盤，還有一些現象等等，這些其實都是「網絡建構者」一個很明顯的行為表徵。

#自我覺察：平時常用什麼方式或平台與人連結、溝通？傳遞訊息時是否忘記情感真正的交流呢？

光與影的靈魂指引

生活上渴望展現之光明特質

- 因工作需要或本身興趣，渴望透過社群來分享相關知識，並敏銳地察覺市場或社會對相關議題的進展。
- 因為工作或經濟因素，渴望透過結盟或資訊交流來獲取更多利益，與廣大不同族群交流來擴展影響力。
- 激起心中對社會的包容心與同理心，渴望透過各種管道傾聽他人或互訴心事，並積極傳遞正面訊息。

生活上渴望清除之陰影特質

- 因工作需要或本身興趣，試圖透過社群來分享相關知識，並敏銳地察覺市場或社會對相關議題的進展，然而卻力有未逮。
- 急於為工作或經濟因素，試圖透過結盟或資訊交流來獲取更多利益，然而感到身心疲累或能量低落。
- 習於為自己而透過各種管道向他人訴苦或傾倒心中垃圾，或傾向於傳遞負面和悲觀的訊息。

Don Juan

唐璜

具社交能力、陽性能量、是受歡迎有吸引力的公關角色。跟誰都很有話聊，不是親密關係發展，僅限社交生活。

唐璜解析

這個「唐璜」跟下一個「蛇蠍美人」兩個原型裡，你有看到什麼樣的相似性嗎？

「唐璜」跟「蛇蠍美人」是同一個色系，但他們還是不同的灰黑。你或許可以看得出來，這兩張牌的顏色不太一樣。我把這兩個原型放在一起，是因為他們都還滿符合馬雅、圖騰裡面「紅蛇」的身體的能量，分別代表了紅蛇的陽性能量跟陰性能量。「唐璜」代表比較陽性面，一種陽剛的吸引力、男性魅力。雖然這樣講，但其實並不代表只有男生會抽到「唐璜」；也不表示只有女生才會抽到「蛇蠍美人」。

你看這個「唐璜」原型的圖，他的男性吸引力就是表現在這裡——一個好像交際高手、社交高手的人。所以你可以想像，擁有這個原型的人跟每一個人都是很有話聊，不管跟任何關係的人，他都可以聊得起來、很好相處。但是他在這個人際關係跟社交場合裡面的如此展現，並不是想要跟你有什麼進一步的親密關係。這就只是在展現他個人的一種社交魅力、吸引力。他希望這些社交關係，都可以非常和諧、非常開心，然後也很希望自己是受歡迎的。所以他也會跟你聊得很開，也會讓你感受到你是被喜歡的，但也僅此而已，就是在社交場合的互動這樣而已。他是一個非常厲害的社交公關。

「唐璜」的光明面，會用正面吸引力追求對象或結果，極力發揮魅力來拓展人脈。陰影面的「唐璜」，則會為了展現積極跟男性特質過於血氣方剛或掌控，無法適當表現自己的交際手腕。

唐璜解讀引導

唐璜還可以對應到一些俊男，像是楚留香、裴勇俊、劉德華、費翔等，這些既帥氣、有魅力、風度翩翩，擁有性感男性魅力、很紳士，還是社交高手的人物。

這裡說的性別並非外在、生物性的男性女性，也有女生會抽到唐璜，這代表她滿有公關魅力，很會談判、說話，能把每個人搞得服服貼貼。在現場互動時，她善於蜻蜓點水，而且你容易為她著迷。她擁有一種社交談話技巧，是政治人物、公關需要的特質。但這就只限於社交生活，而不一定是要跟你發展什麼情感或是更深的友誼。

我之前有好幾個學生跟個案抽到「唐璜」的，就是女生。然後她就是一個公司裡面的公關，公關部的代表、公關主任……，她很能跟別人聊天、也很會社交。

如果抽到這張牌的是男生，你就會發現，他在跟你講話時，會對你產生一種專注力，然後他一講話就能夠捉住別人的眼光，很能夠吸引人。這個典型的代表就是〇〇七。每次出任務，只要在公開場合，〇〇七旁邊就會有〇〇七女郎嗎？就是類似這樣的感覺。這就是一個社交跟比較陽剛個性的魅力展現。

#自我覺察：能夠在人際關係上面當個公關嗎？生活有哪些層面需要展現男性特質？

光與影的靈魂指引

生活上渴望展現之光明特質

- 渴望能強力主動地展現本身正面的吸引力或性魅力，努力追求所欣賞之對象或期望的結果。
- 在生活上，為著心中明確的理想與目標，積極發揮本身魅力、拓展人脈，並主動尋求各種機會與資源。
- 渴望較陽剛的積極與創造特質，並察覺可能有過於血氣方剛、衝動及掌控等負面影響，極力發揮自身潛在的溫柔、接受、關愛等陰性特質來平衡之。
- 擺脫庸俗濫情、強取豪奪或利益交換的情感關係，盡情體驗無私分享與水乳交融的真愛浪漫。

生活上渴望清除之陰影特質

- 急於展現本身正面的吸引力或性魅力，來追求所欣賞之對象或期望的結果，然而力有未逮導致身心疲憊或能量低落。
- 在生活上，為心中明確的理想與目標，試圖發揮本身魅力拓展人脈，並尋求各種機會與資源，然而力有未逮導致身心疲憊或能量低落。
- 急於展現陽剛的積極與創造特質，然而過於血氣方剛、衝動及掌控，欠缺潛在溫柔、接受、關愛等陰性特質。
- 習於庸俗濫情、強取豪奪或利益交換的情感關係，利用浪漫多情來取得私人利益或工作成果，以滿足自己的征服慾望。

Femme Fatale

蛇蠍美人

自然散發出來、與生俱來的身體語言魅力、
陰性能量、性感。

蛇蠍美人解析

「蛇蠍美人」是一種女性特質跟女性特徵，他主要展現的能量是透過身體的魅力跟姿態，還有身體語言等等，去展現自己的一種性感。抽到「蛇蠍美人」的人，無論男女，大概會發現自己其實有一種渾然天成、自然散發出來的性感能量。不過，也常常有人自己不覺得。會說：「我沒有覺得我很性感啊！」其實這不是指穿著性感，或是怎麼樣表現性感，而是這個人就帶有一種性感的氛圍，給人性感的感覺。

「蛇蠍美人」的正面特質，當然就是有一種性感的特質。跟「唐璜」一樣，他也不是一定想要跟你怎麼樣，或是要跟你發生什麼親密關係，只是他就自然散發出了那樣的肢體狀態。

「唐璜」跟「蛇蠍美人」的陰影面，都會不當地使用自己的魅力。比如說，「唐璜」就是會在社交場合，利用你對他的喜歡或欣賞，然後就會有一些個人比較不好的能量介入。「蛇蠍美人」其實也是，會運用他的身體能量跟一些身體魅力、性吸引力等吸引你，或者跑去攀附金錢跟權力，但其實只是為了達成他個人的私人目的。

這兩個角色，其實就是寫出我們在看見自己生活當中一些，關於自身魅力、自己的一些行為表徵，或是看看自己是不是有這些公關特性或一些肢體語言的特性等等。

「蛇蠍美人」的光明面，能夠自然展現出性感的能量，透過舞台或肢體展現出吸引他人的外在特質。

陰影面的「蛇蠍美人」則過度想展現、吸引他人而導致身心俱疲，或沉溺於他人的回應而阻礙了自己的身心。

蛇蠍美人解讀引導

你擁有吸引人的眼神、性感的肢體語言，可以表現在說話的語調及身體語言的形象上。這不太需要你去學習，而是與生俱來的。

你可以觀察抽到「蛇蠍美人」的男性的講話方式，只要他一開口你就會被他勾走。他講話的語調和神情比較陰柔，有的也很有藝術家特質。

大部分抽到這張牌的人不覺得自己很性感，可是他確實有女人味的魅力，可以鼓勵對方多參加跟身體、肢體有關的活動。

這同時也反應了內在的心理特質，例如：講師、演講者、演員、表演工作者、模特兒等。這些人很會在演講時善用肢體語言，讓場面流動，表現出性感的樣貌。

#自我覺察：你有可以展現自己肢體魅力的舞台嗎？明白自己的陰性能量在哪嗎？

光與影的靈魂指引

生活上渴望展現之光明特質

- 渴望展現自身陰性特質及性感魅惑的能量。
- 渴望在一個舞台或講台上，展現你各種吸引別人的外在特質或才能，如：藝術表演、跳舞、服裝展示、演講教課等。

生活上渴望清除之陰影特質

- 急於展現自身的陰性特質及性感魅惑，然而執迷於物質及私人利益，導致身心疲累或能量低落。
- 在一個舞台或講台上，急於展現你各種吸引別人的外在特質或才能，如藝術表演、跳舞、服裝展示、演講教課等，然而過於期待外在的肯定及物質回饋，阻礙身心成長。

Angel
天使

無條件給予、不求回報的愛，
當他人求助就會伸出援手。

天使解析

天使是上帝使者，在世間傳遞真善美的訊息，並在你需要時伸出援手。他們樂於助人、撫慰人心、給予無條件的關愛及協助。

在我們生活裡面，你應該也有遇到過身邊的人是那種像「天使」一樣的人。你可以想想看，你的親朋好友或者什麼人，讓你覺得：「哇！他就像天使一樣。」他可能會協助你去解決一些事情，或者說，當你有需要的時候，他就會出現——他就是像這樣子的原型角色。

天使擁有一雙羽翼豐厚的翅膀，擁抱一顆愛心。當你召喚他時，他會義不容辭地出現、使命必達，也不會跟你討回饋。但如果你沒有祈請，他便不會介入你的自由意志。平時他就是待在你左右準備，等待你的召喚。

你是不是有時候也會在旁等待，等待身邊的人提出需求，而你就會協助他？

若是陰影天使，就會太介入別人的狀態、過於雞婆，因為見不得別人苦而去幫助別人、要別人改變。但光明的天使，會懂得尊重人。另一種陰影，則是太過付出自己的心力，給予別人過多的協助。

你可以去觀察有沒有硬要幫忙別人的強迫性格。

「天使」的光明面，願意幫助他人並渴望內心光明與愛，不求要有同等回報。

陰影的「天使」則會要求對方回報或有個人私利，假天使之名行惡魔之實。

天使解讀引導

當你抽到了這張「天使」牌，你的原型就是「天使」。其實也需要去學習他光明的屬性，要很清楚知道什麼時候別人開口求助，我們才介入去協助他、幫忙他。

抽到這樣的「天使」原型狀態，我們就必須要要去學習在生活當中，不去要求對方要有相對應的回饋跟回報。這是在這個原型的光明面上，我們必須要去修煉自己的部分。因為「天使」的能量在協助了之後，並不會要求別人給他什麼樣、相對應的報酬。

如果拿這個原型的狀態直接來做比較，就是像我們之前談到的「妓女」原型。「妓女」原型非常重視「給跟收」的平等回饋，要看心裡面是不是平衡。可是，「天使」是不要求任何回饋、回報，或者任何利益的。如果對方有需要、對方跟你開口，「天使」就會無條件地主動協助。

#自我覺察：這個原型提醒我們要注意覺察「界線」——是否太過熱心？或者耐心等待別人開口、主動跟你求助時才協助對方呢？天使原型是不求回饋的，單純協助，不帶利益目的。你能夠不求回報地幫助別人嗎？是否注意到自己有界線上的問題呢？

光與影的靈魂指引

生活上渴望展現之光明特質

- 渴望讓自己內心充滿光明與愛，願意去幫助他人或養育小孩，且不求任何回報。
- 希望能透過藝術、音樂、文學去體驗或傳播真善美。
- 渴望到處散播愛的種子，讓大家能輕易感受到如天使般的真愛。

生活上渴望清除之陰影特質

- 努力在不求回報下幫忙或救助他人，展現關愛和養育方面的特質，然而過於付出而感到身心疲累或能量低落。
- 致力於在藝術、音樂或文學上觸及真善美的深層連結，然而感覺疲累或能量低落，更甚者是出於私心、掌控或彰顯自我等不純動機而不自知。

Samaritan

撒瑪利亞人

關心弱勢與邊緣人、不分對象。

撒瑪利亞人解析

撒瑪利亞人是聖經故事中的好人，他們到了一個瘟疫肆虐的國家，主動伸出援手去幫助那些人，就算是被大家認為不需要或不值得幫忙的族群，撒瑪利亞人都會主動伸出援手。

他容易看見主流社會中易被忽略、被人貼標籤及負面評價的人，看見那些人的孤立無援、缺乏資源等。

我們可以看見牌面上的人，正在玩拋接，他不論誰被拋過來都會接住，而不會去篩選要幫助誰。

這就像馬戲團在玩拋跟接，在這一拋一接的狀態下，當然是希望他甩出來後，對方會接住。負責接的人接得住，那當然很好，但是當這個人拋出來之後，即便接的人沒有那麼想要接住，也會有一種感覺——好像我不接也不行。

如果你有撒瑪利亞人的特質，從小你就有很關切弱勢族群的特質，會關注在群體中的弱勢、邊緣人。長大後可能會想成為社工，或總是很想幫助別人。若班上有新來的轉學生，也會主動關心他。

「撒瑪利亞人」的陰影是什麼呢？有時候這種特別想要去幫助弱勢族群的狀態，如果太多，會形成另外一種執著。這種執著就是「單方面認為別人是弱勢」，會單方面地認定對方是需要幫忙的。而事實上，當你總是用「別人是這麼需要被協助、被幫忙」，或者同情憐憫的眼光，把人當成是弱勢跟邊緣角色的時候，就比較容易落入陰影層面。這時「撒瑪利亞人」會說：「不行，我一定要幫你，這樣真的太可憐了。我一定要拯救你，拉你離開這個痛苦的深淵！」然而裡面可能是有一些複雜的狀況——你怎麼知道那是痛苦的深淵，說不定別人在那裡其實覺得很不錯。

我曾碰到一個企業家抽到這張牌，他就是會特別挑一些偏僻的寺廟捐錢，看哪邊需要資金，尤其是那些比較不被關注的機構。例如：到監獄開讀書會、愛滋病防治等。

「撒瑪利亞人」的光明面能對各式各樣的人提供協助或服務，不分男女老幼或貧富貴賤地去服務幫助他人。

陰影面的「撒瑪利亞人」則太執著於幫助這件事、硬要幫忙別人，會自認為別人很可憐、單方面認為別人弱勢。

撒瑪利亞人解讀引導

有非常多的人抽到「撒瑪利亞人」時，都會跟我講說，其實他以前在讀書的時候，遇上班上那些特別被排擠，或者分組報告時落單、自己一個人的，無論是他可能比較醜，或者比較臭、比較笨，還是如何（你可能求學有過這種經驗，或者如果在學校當老師，就會特別有這種感受，有一些孩子就是比較不受歡迎）這些「撒瑪利亞人」就會特別關照他們。

「撒瑪利亞人」對像這樣的孩子，就會特別關注說：「某某同學沒有人跟他一組。沒關係，我跟他同一組好了。」他們就是特別有愛心，像社工一樣。或可能會想要去偏鄉服務，進入一些比較沒有人要服務的群體或單位。這個跟「天使」不太一樣，「天使」是對所有的人都同等幫助，沒有特別選擇什麼樣的群體。所有人——只要你需要——一般人、不同年齡、性別、各種狀態的人，只要你呼叫「天使」，「天使」都會來幫忙。

「撒瑪利亞人」則不同，他的重點會比較關注在被大家遺忘的、忽略的、弱勢的邊緣人。

#自我覺察：你在幫助人可以不分對象嗎？有因為服務這件事感到快樂或沮喪嗎？

光與影的靈魂指引

生活上渴望展現之光明特質

- 在工作場所或團體裡，就像新約福音裡的「和善撒瑪利亞人」般，渴望能對各式各樣的人，提供同等的服務或協助。
- 具高度服務熱忱，主動積極地幫助他人，不分男女老幼或貧富貴賤，也無論對方是你親人、陌生人甚至你討厭的人。

生活上渴望清除之陰影特質

- 在工作場所或團體裡，你就像新約福音裡的「和善撒瑪利亞人」般，對於各式各樣的人，提供同等的服務或協助，然而你會感到疲累或能量低落。
- 努力服務，不分男女老幼或貧富貴賤，然而有意無意想從中獲得私利、感激或名聲，甚至造成傷害。

Rescuer

解救者

提供方法、懂得運用身邊的資源、工具。

解救者解析

看這張圖，「解救者」是不是跳到海裡面去救人了？如果有人掉到水裡、遇害了，這個解救者會做什麼呢？又為什麼圖中是用愛心救生圈，這個救生圈象徵著什麼呢？

其實，這個救生圈象徵著——在我們提供協助的時候，我們是提供支援和方法，而非自己跳下去救他。所以，「解救者」原型有個最大的提醒就是——我們要提供一個管道、提供救生圈去把他拉回來，或者是讓他自己透過救生圈，獲得生存下來的生命力，而不是自己跳下海去拯救他。

他是很有愛的。他看到你溺水了，因為這個「解救者」認為：「如果我跳下去，自己也可能會溺斃。所以我也要好好地維持自己的生命安全，然後用我知道的方法來幫忙你，而不是跳下去救你。」

這種人是懂得運用身邊的資源和工具的，會提供協助方式解套他人，他不用整個人投入犧牲奉獻，又能幫到你。他並非自己去救、而是有智慧地去了解別人的需求，運用工具方法來幫助他，把他拉上來，讓他在困境中度過難關。這裡的「救生圈」就是協助、資源方法及管道。例如：提供專線、閱讀書目……。

「解救者」的光明面，可以在他人危難當中給予力量解救，能提供

他人方法並全力支援

落入陰影面的「解救者」，則會為了支持協助他人而身心俱疲，或因給予方法而造成他人的過度依賴。

解救者解讀引導

「解救者」要很有智慧，因為他認為，跳下去救你，不見得是真正對你好的，所以他會了解你的需要，而且會用比較有智慧的方法、工具或者管道來幫忙你。

比如說，今天有一個人，來找你說要跟你借錢。他說：「因為現在景氣很差，又碰到疫情、生意很慘淡，公司快要倒閉，你可以借我錢嗎？」假設你正在因此苦惱，然後你拿原型卡出來抽，結果抽到了「解救者」——那意味著什麼呢？你該借他錢嗎？

抽到「解救者」，表示你很有愛，你知道這個人需要度過難關。但是你要借他錢嗎？沒錯，不要借他錢。這個原型就是要你不可以自己拿錢出來，你可以給他銀行專員的電話、讓他找銀行貸款，但你不能提供給他地下錢莊的電話，這樣會害死他。你應該會跟他一起想方法，因為你很有愛，願意拋出這些管道提供給他。例如這時，我們就要問他說：「你現在週轉金還有多少？最低的底薪跟庫存量，你存款、庫存量的停損點可能會在哪裡？」你或許會告訴他哪些銀行可能往來的金錢、交易信任度還不錯，或者信用卡公司是不是可以長期如何還款等等。你會跟他討論，看有沒有一些動產、不動產，或有理財專員可以協助嗎？有哪些保險？或者是否有些類似的投資，是不是可以拿一些回來；或者有無定期定額，是不是有到期的可以解約了，不要再繼續放之類……。你可以提供這些管道告訴他，其實還有這麼多資源可以運用，然後提醒他，要去善用這些資源。

剛剛舉了這個非常生活化的例子，就是要你去告訴對方，還有哪一些資源是可以求助的，而不是你要自己跳下去。

又如，當一個人心情很不好，說他要自殺了，然後一天到晚纏著你，跟你說他很痛苦，讓你為此事情苦惱的時候。如果你又抽到「解救者」，就代表不是你能救他，而是你可以提供救他的方法或管道。你可能告訴他如：生命線、張老師專線，或是提供給他一些閱讀的書籍，那些是你可能自己讀了覺得很平靜的。「解救者」不是說你就是那個救他命的人，而是你「提供的方法」可以救他一命。這個是「解救者」最常被大家誤會的。

很多人抽到這個牌會感覺：「天啊，我的媽呀！抽到這個原型是不是表示只有我能救他，如果不救他，他真的會死！」然後給自己很大的壓力。但其實這個原型是要告訴你，你可以提供給他人一些力量跟支持——這是很重要的沒有錯。但你提供的支持，是一個管道、方式、支援，是去告訴他，什麼樣的方式可以幫忙到他，而最終他還是要學會如何救他自己，並不是依賴你。

這個「解救者」有個很重要的關鍵——不是讓「受害者」或這個深陷痛苦的人抓住你，而是讓他抓住救生圈。你不是救生圈，你是你，你是站在船上，那個可以幫忙到他的人。

#自我覺察：你是否能懂得提供方法而不是全然協助對方？

光與影的靈魂指引

生活上渴望展現之光明特質

- 渴望在他人遭遇危難時積極給予力量支持和解救，不求回報地付出愛的行動。
- 渴望在工作機構處於經營危機或百廢待興時，全力給予支援，幫助其度過難關。

生活上渴望清除之陰影特質

- 在他人遭遇危難、需給予力量支持和解救時，因力有未逮導致身心疲累或能量低落。
- 在工作機構處於經營危機或百廢待興時，被迫傾力協助度過難關，導致身心疲累或能量低落。
- 在生活中習於兩肋插刀、熱心助人，然而易出於私心而過度期望對方回報，或導致對方對你依賴。

Athlete

運動家

意志力、身體能量、超越極限。

運動家解析

這個圖像很有趣，你看他都已經練成倒三角，非常厲害，還有身上的人魚線都出來了。你有沒有看到他舉著什麼呢？好像是一個星球、一顆大石頭，他好像把整個地球都舉起來一樣。不過我們人有可能舉起一個星球、舉起地球嗎？那是不可能的。所以我們就要回來談——他的另外一隻手怎麼了？變形了，變得很像橡皮糖。

有些人抽到這張「運動家」會說：「我不會運動。」但這不一定代表就很會運動，而是要看進每個人物代表的象徵，他的特質重點在於——他超越了自己的極限，超越了肉體上的限制、意志力。他代表的是運動家的精神，是「一直一直不放棄，不斷地超越再超越」。他擁有一種堅強的意志力，不認輸、不妥協，靠自己的意志力去跨越一切。

「運動家」精神，就是在比賽的過程當中，一定要有風度——勝不驕、敗不餒。就算你贏了，也不要太驕傲，或者是跑去酸別人、取笑人家輸。

任何的競爭、比賽，其實都是這樣子，即使是失敗了，我們也要感謝這次的經驗，或者說去看看自己還有什麼限制跟不足的地方可以超越。「運動家」精神就有這種力量，會不斷地透過意志力去跨越自己、去超越這些可能會有的限制。

相信你也常看到很多勵志書和電影，像乙武洋匡的《五體不滿足》[5]、或電影《逆光飛翔》等。他們雖有身體上的限制，可是卻透過意志力突破自我。

你不嘗試，怎麼知道不可能呢？這個原型如果出現在建議牌，很有可能對方是個意志力薄弱的人，原型在建議他需要堅強、不放棄的精神。

「運動家」的光明面，能夠擁有鍥而不捨的意志力，運用身體力量來展現出心靈。

陰影的「運動家」，則容易過度使用身體能力而受傷，沒有意志力、處處侷限。

運動家解讀引導

你的手可以舉起一個星球，運動家精神正代表了——有力量、透過意志力跨越自身限制。

當你抽到這個原型，不一定是去運動或成為運動家，有個最直接的提醒就是在問你——你是不是有一些自我限制，限制住了自己？例如：你是問針對某一件事情的建議的話，他就是在提醒你要去看在這件事情當中，有受到哪些自我侷限，而你應該要去跨越這些侷限。

另一個部分，是提醒你——要好好照顧自己身體健康跟身體能量。舉例來說，如果有人是直接用這一套牌來問關於職業、生涯的選擇，或者尋求未來人生方向的一些建議，這一個原型就等於是在說：「你可以做一些照顧自己身體能量，或身體工作這些事。」比如說，去當私人教練、瑜伽老師，或者你去開ＳＰＡ會館、去學按摩，諸如此類的。

其實以上都是提醒我們，當你抽到「運動家」這個原型，不是叫你去運動而已，沒有那麼表面。而是告訴你，要回來照顧自己的身體，要去覺察自己身體是否健康。如果你是問工作的話，則可以做照顧別人身體健康的工作跟服務。

#自我覺察：你懂得照顧自己的身體能量嗎？是否能夠表現出堅強的意志力呢？

光與影的靈魂指引

生活上渴望展現之光明特質

- 致力於超越身體限制，發展個人的心靈或精神力量。
- 渴望鍥而不捨、毫不退縮地往既定方向邁進，抵達目標終點。
- 藉由身體力量來展示心靈力量的極致。
- 渴望藉由外在物質環境或肉體，激發內心無窮潛力和強大意志力。
- 警醒自己避免陷入類似競技場上殘酷競爭及強取豪奪的意識氛圍，專注於自我挑戰及自我價值實現。

生活上渴望清除之陰影特質

- 急於挑戰超越身體限制所能展現的意志力，然而力有未逮，導致身心疲累或能量低落。
- 在生活上有著既定目標需要達成，迫於過度使用身體力量和精神意志來拚命前進，然而力有未逮導致身心疲累或能量低落。
- 急於展現運動精神，高估自己忍受傷害的能力，導致身心受創。
- 為自己私利而濫用運動精神與身體力量，容易在有意無意中以不公平的方式攫取成果。
- 陷入競技場上殘酷競爭而不自覺，執著於勝敗輸贏、弱肉強食與強取豪奪的意識氛圍。

5 《五体不満足》，劉子倩（譯）（一九九九），圓神。

Hero/Heroine

英雄

目標取向、投入成功。

英雄解析

這座山有一個尖峰，有兩個人揹著繩索上山，這兩個人只有一個目的，就是要登頂。他正在攻頂，有一個目標導向、目的性，很渴望成就感，屬成就取向。所以他會需要不斷透過自我超越，努力投入到某一種狀態，以完成他內在的英雄之旅。

這個原型相對應的數字原型，就是8號，8號的目標感很強大。而他的星座原型，就是摩羯座。為什麼總是在爬山？山羊有山就要爬，不認輸、工作狂、勞碌命、腳踏實地。

他知道自己要去面對這個目標，然後勇往直前，非常努力地認真投入追尋成功——「英雄」就是要成功。他本身是一個成功典範，但也不盡然全是辛苦的樣貌，他也有許多光明面來自成功的感覺，爬山攻頂、超越自己、不斷往前突破……，看自己還有什麼沒有做過，然後一座又一座山地爬，去站在生命比較高的視野、確實自己做得到，登上生命高峰。那是一種價值的完成，他會說：「我真的做到了。」

「英雄」的原型很常出現在許多電影當中，比如說，《復仇者聯盟》（The Avengers）就是非常典型的英雄片。你可以去連結一下，自己喜歡的「英雄」角色，不管女英雄、男英雄，我們要去找到自己的「英雄」之路。你最喜歡哪一個「英雄」呢？在《復仇者聯盟》裡有非常多個「英雄」角色，就看你喜歡美國隊長、還是蜘蛛人、奇異博士，或者驚奇隊長？

我自己最喜歡的是鋼鐵人，因為他最有錢、裝備最厲害。他就是有錢才有辦法做事、才有辦法去搞這些配備來支援他整個團隊；也才可以從外太空發射子彈、召喚所有部隊，他不需要直接自己出動，我認為這實在太酷了。

「英雄」在光明面上，能展現目標並積極去執行達成，並渴望運用英雄特質去克服困境。

萬一「英雄」落入陰影，就可能會裝闊、表現自己很行、硬撐、逞強、逞英雄，容易因為目標而忘記美景。

英雄解讀引導

這個「原型」顯現得比較像是一個自我實現的旅程與道路，攻頂而去。每一個人要攻的頂是不一樣的，所以如果你抽到「英雄」這個原型，請好好地寫一下、記錄一下、自我對話一下，問問自己目前攻的是哪一座山？想要在哪裡打卡？比如說，想攻百岳，總是要有一座山是你的主峰吧！你就是要很清楚知道，現在想在哪一座山上面攻頂、插旗。

「英雄」這個原型是非常有目標性的，就是為了自我實現，成為自己生命當中的英雄。假如是問你跟某個人之間的關係，或是問一些人際之間彼此的問題，抽到這個原型，就要去覺察——你在這個關係裡面，是不是想要逞英雄？是想要當對方的英雄嗎？

與「英雄」相對的原型是「享樂主義者」。而「英雄」這個原型也提醒了我們，一邊爬山、一邊吃水果，一邊享受沿途的美景是很重要的，不要只忙著想要當「英雄」。活在當下也非常重要，去享受生活當中，往目標前進的每一步，踏穩每一步，然後享受、欣賞沿途的風景吧。

#自我覺察：你目前攻的是哪座山？最想要在哪座山上插旗呢？是否有想要逞英雄？或想當對方的英雄？

光與影的靈魂指引

生活上渴望展現之光明特質

- 克服會阻礙自我能力提升的生存恐懼，去追求超越團體中其他人的個人能力。
- 在團體或族群中，面對一個物質或精神層面的艱困目標或阻礙，渴望拿出服務熱忱及內在英雄特質來與之對抗，並藉以強化個人心靈。
- 渴望做英雄人物，但明察對英雄主義是否錯誤認知，避免陷入孤芳自賞或高處不勝寒等自我逃避情境。

生活上渴望清除之陰影特質

- 急於追求超乎常人的個人能力，卻因難以克服生存恐懼，導致自我能力無法提升。
- 在團體或族群中，面對一個物質或精神層面的艱困目標或阻礙，強迫自己要拿出服務熱忱及內在英雄特質來對抗他，然而感到疲累或能量低落。
- 過於渴望成為英雄人物，卻由於對英雄主義的錯誤認知，有孤芳自賞或高處不勝寒等自我逃避的情形。

Warrior

戰士

無畏無懼、為自己出征。

戰士解析

戰士這個原型，看起來就不輕鬆。他拿著一支矛，後面有海浪，乘風破浪的感覺。他看起來具有攻擊性，似乎要去打仗、出征了。

迪士尼有一部卡通《海洋奇緣》（Moana），小女生夢娜，就是戰士原型的代表。我看這部電影看得淚流滿面，覺得很感動——當中她為自己的夢想，有一段跟祖母的對話，那就是非常典型的「戰士」原型，會為自己的生命挺身而出，為自己的夢想、理想或者自己心裡面覺得很美好的一切而戰。她一次又一次地跨越自己的恐懼，為自己出海、無畏無懼的模樣，真的是非常令人動容。

其實，當我們在認識原型卡中的很多原型時，都可以在電影、小說裡，找到在講某一個原型的素材。這時，我們就可以拿出來做連結跟對應。就像把「戰士」原型，對應到《海洋奇緣》中乘風破浪的夢娜。

有時候，我們在群體或關係中覺得自己的意見不重要時，心裡會有一個聲音：「應該沒有人覺得我的想法是好的。」如果在這時抽到這個原型，就是一個鼓勵，鼓勵我們像畫面中的戰士一樣，為自己發聲、挺身而出，表達意見跟想法。

如果你是在牌陣中「放下」的位置抽到此特質，則是在提醒你要放下內在很想反抗的戰鬥力，以及充滿攻擊性的狀態。

「戰士」的光明面能夠勇往直前、赴湯蹈火在所不辭，就算面對壓力，也更能鍛鍊自己成為堅強的人。

陰影面的「戰士」，則會因為戰鬥而精疲力竭，或為了目標而強取豪奪。

戰士解讀引導

「戰士」是為自己挺身而出、勇敢追求、表現自己的戰鬥力；無畏無懼、表達需求。我遇到很多人抽到「戰士」這個原型時，常常是告訴我，其實他很懦弱、膽小。那這時「戰士」這個原型出現，其實就是要提醒他，要為自己挺身而出、要勇敢追求，去表現出自己的戰鬥力。因為「戰士」精神就是無畏、無懼、不害怕，勇敢去表達自己，說出自己的需求。

去覺察自己面對哪一些事情的時候特別膽小吧，那時候你就要召喚你的「戰士」原型，用以提醒自己——要為自己去爭取你所想要的，不管你是需要去表達、去溝通，或去協調都要不畏縮、勇於去做。

#自我覺察：你可以用自己比較舒服的方式去表現戰士的一面，想想自己是否已覺察對何事特別膽小？你又懂得為自己挺身而出嗎？

光與影的靈魂指引

生活上渴望展現之光明特質

- 勇於面對激烈對立衝突及嚴峻挑戰，或者立下一個要「勝利成功」的目標，讓自己內心燃起了「戰鬥」的意志，並且能紀律分明、嚴格訓練、勇往直前、赴湯蹈火、衝鋒陷陣。
- 在生活上面對排山倒海而來的壓力與挑戰，能激發自己從懦弱無能的小孩狀態鍛鍊成有力量、技能及堅強意志的成熟大人。
- 警覺自己是否在為一個不公義或自私的目標而強取豪奪。

生活上渴望清除之陰影特質

- 在生活或感情上似乎有遇到某種激烈對立和挑戰，被迫在自己內心升起一種「戰鬥」意志，急於訓練與裝備自己去衝鋒陷陣以完成任務，然而力有未逮導致精疲力竭。
- 在生活上面對排山倒海而來的壓力與挑戰，被迫須從懦弱無能的小孩狀態鍛鍊成有力量、技能及堅強意志的成熟大人，然而卻只讓自己身心俱疲、能量低落。
- 在為一個自我設定的目標而如戰士般地強取豪奪。然而過程中容易忽略了別人的感受或違反了些社會的觀感，甚至會讓其他人受苦而不自知。

Knight

騎士

榮譽感、忠誠度。

騎士解析

騎士騎著一匹馬，看起來很華麗的馬，這匹馬還戴著金牌，象徵著皇家的榮耀，特別有一種榮譽感、忠誠感。

「騎士」是代表一個國家的榮譽象徵，所以當一個「騎士」被賦予加冕，授權他寶劍跟勳章的時候，就代表了那個「騎士」已象徵著這個國家或皇室的某個爵位。如果你有看過像圓桌武士題材的一些影集或影片，就能感覺到——這股能量，就是一個被國家跟國王授權勳章，非常有榮譽感的一種象徵。而「騎士」這個原型的一大特點，就是他有非常高的忠誠度，而且帶有一種紳士、風度翩翩的感覺。因為被授予爵位、連馬也被授予勳章，他極富榮譽感。這個「騎士」也是非常地華麗，因為是國家的代表，要代替國王去出征。

「騎士」的角色在古代，其實就是負責出任務。在歐洲，所謂的「騎士」，會在隊伍最前方，甚至獨立出任務；或身負重任要保護某個寶物，從這個國家送到另外一個國家。所以他一定是絕對重要，被皇家跟國王絕對信任的人。

「騎士精神」裡最強調的是——向前走，不能倒退、不能退縮。這個原型也象徵著一種對於國家，或對於某些事物的忠誠。而且你是帶著榮譽心、忠誠度，而且不畏縮的心態在做這件事。

人某事。

「騎士」在光明面，能展現出騎士精神，富榮譽感、忠誠殷勤，服務奉獻、盡力呵護效忠某

「騎士」在陰影面，則會失去忠誠度，幻想效忠而自我犧牲。

騎士解讀引導

騎士精神代表榮譽感、高忠誠度，他獲得授權加冕、象徵皇室爵位，穿著華麗，代表國家出任務。

如果你抽到「騎士」，某一個部分也代表了你具有非常忠誠跟富榮譽感的一個原型特質。你可能正效忠某一家公司、某個家族、某一個你所被賦予的角色。相對地，你的老闆、主人、家族，對你也是絕對的信任，會把非常重要的工作跟位置交給你。

舉例來說，如果你問工作抽到騎士。表示你是個非常受老闆倚重的員工，雖未必有最高階職位，但卻是重要的公司代表，或許還會有幾千萬的資金在手上可以運用。在老闆心中，你是忠誠度很高的騎士，代表公司、代表榮耀的一個象徵，老闆很放心派你出去開會、搞定一切。

#自我覺察：你在做什麼事情時，能感到如此的忠誠和榮譽感呢？

光與影的靈魂指引

生活上渴望展現之光明特質

- 展現出騎士精神，勇往直前、富榮譽感、殷勤體貼、彬彬有禮、浪漫忠誠。
- 展現服務與奉獻的內在特質、盡力呵護著或效忠於某人、某事物，為崇高理想而奮鬥。

生活上渴望清除之陰影特質

- 帶著理想、熱情和榮譽感，追隨特定的形象、人物或信念而努力往前衝，但可能覺得累了，或者發現走錯方向、跟錯人、理想破滅。
- 耽於浪漫幻想，效忠受人質疑的上司或信念，讓自己處於自我犧牲而致身心受創卻不自知。

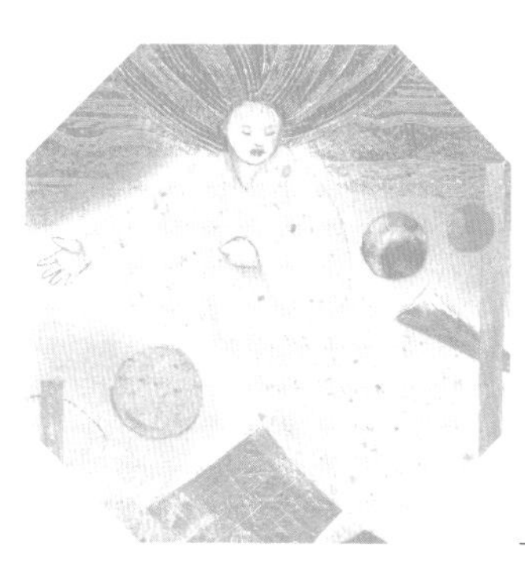

Messiah

救世主

捨我其誰、拯救世人。

救世主解析

「救世主」的英文Messiah，直翻為「彌賽亞」。他具有拯救這個世界，捨我其誰、非我不可的感覺，也帶有一種自大：「能救世界的只有我！全靠我啦，只有我能救得了你們。」現代很多人有救世主情懷，尤其在接近馬雅末日預言的這兩年，更激起了許多人的救世主情結，說要為地球奉獻，甚至有一種集體協助地球揚升轉化的心情。

圖像中的他，有一種好像從天而降的感覺，讓人感到富有神力、威嚴的一種能量，好像法力無邊、很強大。既然會被叫做「救世主」彌賽亞，某一個部分來說，這個原型就好像是神的化身、神的代言人。

「救世主」光明面是怎麼樣的呢？因為他就是要來拯救世人，所以在比較正向的層面，確實是可以來協助人們、幫助大家，讓人有更好的成長或更好的生命發展等等。在張牌卡上，原文是寫說：「謙卑地為人們奉獻。」這就是「救世主」一個很重要的光明能量。

不過通常會抽到「救世主」這個原型的人，往往都不是謙卑的。有時候我們甚至會用「救世主」這個原型來說：「你以為你是誰啊，你真以為自己是『救世主』？你以為只有你可以拯救大家嗎？」通常我們這樣描述的時候，其實都是已經直接看到了他的陰影層面，所以會覺得：「你以為你是誰？你以為自己很行啊？」這是因為有些人會以

「救世主」的能量自居，覺得自己是非常有能力的，而且只有他能夠拯救大家。我們通常會給這樣的人另外一種形容，說這個人有「教主情結」。他以為自己是獨一無二、拯救你的人，只有他可以幫你。像這樣的狀態，其實裡面是有排他性的，彷彿別人都不行，只有他可以救你。

光明面的「救世主」能協助、幫忙他人而有更好的成長，願意挺身擔當眾人苦難並協助走出困境。

陰影面的「救世主」則太過強調自己，認為只有自己能救大家，有教主情結、排他性。

救世主解讀引導

很有趣的是，很多人在靈魂契約十二宮裡面都會抽到這個原型，特別是在原生家庭的第四宮位。因為有很多人開始來學身心靈成長課程的時候，初期都會有一段熱戀期，然後就覺得自己很有力量、充滿希望，認為「我一定可以拯救我的原生家庭」，然後他就會開始有自以為在原生家庭裡面是「救世主」的情結跑出來。他可能就想拯救爸爸、媽媽、拯救家人，希望可以帶整個家族的人離苦得樂。

我並不是要說這樣的狀態好或不好，但是請你務必覺察，自己是不是有這樣子的失衡狀態，懷抱「只有我能夠救你」的這種「救世主」信念。「救世主」的光明屬性，再一次地提醒——是謙卑的。所以我們學習這麼多、收穫了這麼多知識與成長是為了什麼？是要可以更謙卑地為人服務、為人奉獻、給出自己的能量。但是，我們絕不是那個獨一無二、「別人都不行，只有我」的那種救世主。這只會讓你落入教主情結，或者排他的狀態，這也就是落入陰影層面了。

#自我覺察：你會因為自認能力強大而不夠謙卑嗎？你想要拯救的事情為何？

光與影的靈魂指引

生活上渴望展現之光明特質

- 深感自身具有帶領某群體走向榮景或脫離困境的智慧及能力，渴望以謙卑憐憫之心協助或服侍他們。
- 渴望挺身擔當眾人的苦難及過犯，並藉以讓他們走出困境。
- 具有心靈層次上的天賦能力，深感同理與慈悲，渴望為人們提升精神方面的神聖任務而謙卑服務。

生活上渴望清除之陰影特質

- 以為自身具有可帶領某群體走向榮景或脫離困境的智慧及能力，急於熱心協助或服侍他們，然而力有未逮，導致身心疲累或能量低落。
- 急於擔當他人的苦難及過犯，想讓他們走出困境，然而力有未逮，導致身心疲累。
- 過度相信自己有心靈層次上的天賦能力，以為唯有自己能完成提升人們精神的神聖任務，更甚者會有自我妄想的傾向。

Servant

僕人・服務者

服務熱忱、服務本質與對象。

僕人・服務者解析

在「僕人・服務者」這張圖裡，你看到什麼？僕人・服務者在做什麼，他的表情怎麼樣？他正端熱湯上樓，很開心地做服務。這是一張看我們的服務者原型，覺察自己服務能量的牌。

僕人・服務者喜歡服務，很有服務熱忱，也充滿了熱情，覺得做這件事情很快樂。這類型的人喜歡當志工、跑服務隊，樂於在這類工作或群體中做事。並且能以輕鬆自在、喜悅的心服務他人，這個「僕人・服務者」就是代表服務者的能量。

然而，如果這個特質過度了，呈現出來的陰影屬性就會是疲累且失衡的，他們會陷入「自己做的事情沒人看見、沒有被嘉獎」的失落。

去覺察自己在服務時，是否一直渴望別人的回饋、渴望被看見？而這裡的重點還是要回歸自己的初心為何，為何不平衡。

這個原型，就是要協助我們去覺察自己的服務本質、服務之心。我們是不是用一種喜悅的狀態來服務他人呢？還是你其實覺得很苦，甚至還把這個服務當作是一種希望別人來感謝你的條件交換。好像在說——你看，我端熱湯給你，這麼熱騰騰的一碗湯，是不是服侍你服侍得很好，你應該要感謝我，這就是「僕人・服務者」的陰影狀態，他會很要求這些。因為他心裡面不是很快樂，也不是很滿足，他是透過他的服務，希望得到一些對等的回饋。

這個原型是談服務的本質、本心，是帶著開心喜悅的。當你把自己服務好了，同時他人也會受惠。我相信有滿多讀者有學一些不同種類、各家各派的療癒系統或一些方法。當我們在照顧別人，例如：為別人做靈氣或者按摩，做這些療癒的時候，通常你自己也要是很舒服的狀態這樣才對。我們自己在學一些能量給出的狀態時，因為自身就是通暢的管道，所以自己的狀態也要放鬆；會談、個案諮詢這樣的過程，也是一樣的。如果你自己不喜悅、不放鬆、不自在，就很難把好的能量傳遞給對方。

一個好的諮詢師也就是一個好的練心者，你要能「定、靜、安、慮、得」，能夠把心定下來，也才能給出很好的服務。所以如果你有在提供服務，可能是牌卡的解讀、諮詢的輔助，就要注意自己在過程當中，是不是也帶著喜悅，這是很重要的！

「僕人．服務者」在光明層面上，他的服務本質是滿足喜悅的，而且在服務過程也把自己服務進去了。

陰影面的「僕人．服務者」，則難以全心全意服務他人或自己導致疲累，也容易因無法服務他人而受困。

僕人．服務者解讀引導

「僕人．服務者」這個原型是關於——服務的能量、快樂服務，以及用輕鬆自在的喜悅之心去服務。

抽到這個原型，你要覺察自己服務的本質，是快樂或悲傷的？服務是否有交換條件？服務是否平衡？——你有把自己服務進去嗎？還是只是為了服務而服務呢？

「僕人．服務者」的意思，就好像我們是在這個世界上的服務者，我們做任何的工作，其實都是在服務眾生。

#自我覺察：當我們在服務他人的時候——無論你是做志工，有錢、沒有錢的——做任何事情時，你要去想，我在做這件事的時候，如果我是帶著服務的心，我是不是有把自己也服務得很好呢？

光與影的靈魂指引

生活上渴望展現之光明特質

- 安然處於一個有外在約束的環境，樂意以內心的自由與愛，全心全力服務他人，渴望為造福人群而活。
- 深刻了解自己能力的侷限，暫時先約束了自己的自由，盡力服務他人，也包括宗教性或靈性的服務。

生活上渴望清除之陰影特質

- 處於一個有外在約束的環境，需用很多心力在服務他人。也想造福人群，然而卻難以用全然自由與愛的心付出；或是由於經濟因素或其他束縛，導致疲累。
- 對自己能力不足有根深柢固的信念，以致於長期讓自己處於自由受約束的情況，努力服務他人，也包括宗教性或靈性的服務，然而這卻讓自己能量低落，更甚者消極不求上進、自我價值迷失。

Slave

奴隸

任人擺布、全然信任。

奴隸解析

牌中的人看起來像被操控的魁儡、被擺弄的人偶，手腳被拉住，感覺沒有自主、沒有靈魂、失去自由，很無奈沮喪，像棋子一樣被操控。

如果這是你人格特質其中一個原型，你覺得你被什麼給控制住了？這張牌是要協助我們探索，現在生活當中有沒有一些情境跟狀態，是你想緊緊抓住、期待自我操控的呢？例如：時間上、流程上、你怎麼說話、別人怎麼回……，這些進度發展的控制讓你不自由？要去察覺、鬆綁你的繩子，看是不是用了太多的人為來控制自己、身邊人的生活。

「奴隸」如果有好處，會是什麼好處呢？像那樣被吊在那裡，有什麼好處？其實以某方面來說，我們處在那種狀態，也可能覺得是輕鬆的——上面控制你，往左就往左、往右就往右，腳抬起來就抬起來。其實你好像只要放鬆，不跟那條線去掙扎，有很多事情，他就是這樣，很自然而然地進行。

如果那是人為的操控，你希望誰在上面操控你？如果在工作中，操控者可能是老闆，讓人不舒服。如果在靈性宮位，感覺就舒服多了，他會是你的高我、你的靈魂或守護天使。

這個原型除了要覺察在人際狀態中如何被控制，還有一個層次是——去放掉人為的控制，並交託給宇宙。

「奴隸」的光明面，自然而然、不需掙扎地被帶著，生活中內心有著全然信任的信念。陰影面的「奴隸」，則缺乏信任而導致無法自然流動，常盲從指使而感到身不由己。

奴隸解讀引導

「奴隸」任人擺布、被操控，你要去看是誰（大我、上帝、守護天使、老天爺）在控制自己。如果把力量交託給神性、放掉小我、人性而交給高我，如此全然信任就會放鬆——而越放鬆，就越輕鬆。

請想像一下，如果操控的手在這張牌的上方，你覺得上面控制的人物跟角色是誰？你是否覺得很開心，有股很正向的感受。就像很多人會說上面控制的人是大我、老天爺、上帝或你的神、指導靈、守護天使，而祂就彷彿已經用一個不一樣的高度幫你看見。

祂對你說：「親愛的孩子，你無須掙扎、費力，只要放鬆，我就會帶著你。」然後你就放下這些人性，去信任、把更多的力量交託給神性。

看到這個原型，我常常會冒出這句話：「放掉更多的人性跟小我，然後把更多信任臣服於神性去接管吧。」接管這兩個字很有趣，唯有當你能夠全然信任的時候，你才可以更放鬆。你如果在這裡掙扎，你的線只會全部打結，而你只會更痛苦。

所以抽到「奴隸」要給我們最大的提醒就是——看看你目前是不是有遇到什麼事，他要提醒你更全然地信任跟臣服這些順流的安排。當你開始放鬆，願意交出你自己，其實很多事情就會更順利。這感覺像說：「讓專業的來！」沒錯，有些事情還是要交給專業的專業——就是神。因為神的眼光、神的高度不一樣，不是我們一般人的高度。

#自我覺察：提醒自己有什麼是需要全然信任，才會更輕鬆的？或者你是想要操控什麼？還是自己被操控了呢？

光與影的靈魂指引

生活上渴望展現之光明特質

- 覺察到自己太過於管理控制及精密規劃生活，渴望將個人慾望和恐懼擺在一旁，對生命放下控制、給予內在信任，讓上天透過生命歷程來給予學習磨練。
- 在生活上有著內心能夠全然信任的上司、心靈導師或信念體系，渴望完全地臣服與交託，以求得心靈真正的自由和釋放。

生活上渴望清除之陰影特質

- 生活上太過於管理控制和精密規劃，導致對內我缺乏全然的信任，而無法讓生命自然流動。
- 習於將意志和能力交付一個外在的權威，缺乏抉擇和自我主張的能力，導致身心疲累或能量低落。
- 違背自己意願、盲從別人的要求和指使，或在一個團體裡感受到身不由己的情況。

Martyr

烈士

犧牲自己、顧全大局。

烈士解析

「烈士」就是要被擺在忠烈祠，供人家瞻仰。圖像中，你看到他「彈出去」的樣子，就好像從某一個狀態中奉獻、犧牲自己。

我們其實要成為那個可以犧牲奉獻、獻上自己、犧牲自己這樣的人，也是要有些能力的。所以在「烈士」光明面——你可能為了顧全大局，或者說，為了某一種理想、為了讓大家更好，所以會先把自己個人、私人的利益擺在比較後面，然後你或許就會在某些私人考量上做些退讓。通常「烈士」也滿會讓的，因為知道其實不用那麼自私地考慮自己，而自身的某些狀態，就算稍微犧牲掉，也是沒有關係的。

但陰影「烈士」就會覺得：「天啊！我好可憐，被犧牲掉了。」特別像在選舉時，就很常有這樣的狀況，例如：會有一些棄保效應，棄誰保誰，那個被棄的人可能就是這種「烈士」的角色；可能因為黨內初選怎麼樣，然後就要把誰犧牲掉。如果他感覺自己非常可憐，然後很遺憾，有些可能就會脫黨參選。像這樣子狀態，就還滿像「烈士」的。

「烈士」原型通堂在一個群體當中是比較容易出現，是比較容易有犧牲感的。你有沒有看到他旁邊有五個箭頭，這就是我剛剛說的——他很容易變成箭靶。但偶爾也會有沒射準的，就從他頭上繞過去。這張圖是一個很可愛的象徵，他身後面有玫瑰花，代表其實他也有一種浪漫的情懷——為了某些利他性，而成就大家。他會覺得：「ＯＫ啊，我今天就跳出來！」

通常抽到「烈士」原型的人，常常就是這種會看不下去、跳出來的人。他們會覺得：「沒有人要做是不是？那我來。」或者沒有人要站出來，這個原型的人也容易被推出去，然後變箭靶。

「烈士」的光明面，是為了認同的理想自我奉獻、受苦受難，覺察出自己在犧牲奉獻。陰影面的「烈士」，則為了崇高理想的救贖導致身心俱疲，或用犧牲奉獻方式去操控自己或他人。

烈士解讀引導

你是犧牲者，常當炮灰、成箭靶？其實要成為這樣的人，也要是有能力的——懂顧全大局、不顧私利、滿會退讓。

抽到「烈士」這個原型，你可以試問自己：「為何是我被犧牲呢？又是為了什麼在犧牲奉獻？」

有些人覺得他不是犧牲，不過因大局而退讓，把個人的私利擺在後頭，這些都算烈士。抽到這張牌的人可能會談很多關於人生的犧牲，覺得自己很像地藏王菩薩。

我其實是覺得他的姿態還滿自在、瀟灑的。而且他是在雲裡面，感覺有一種慷慨赴義說：「來吧！」的樣子。因為他知道這個選擇有一種理想性，知道是為了要成就什麼。我遇到幾個抽到「烈士」原型的人，他們其實都在跟我談他們可能為了整個家庭、家族或是某件事情，因為眼光看得比較遠，所以會寧願退後一步。那是因為他知道，在這件事情上，他現在不這麼堅持自己個人的意見，這是對大家都好，我覺得這是比較成熟的態度。

#自我覺察：你有沒有常常當炮灰那種角色？有沒有常常召喚這種劇情？在你的戲碼裡面，是否容易變成箭靶、被犧牲掉？

光與影的靈魂指引

生活上渴望展現之光明特質

- 在一群體裡為著共同目標，勇於堅持信念，盡力服務，甚至赴湯蹈火，在所不辭。
- 為著心中深深認同的理想，甚至是可以為他人在精神或政治上得到救贖的崇高理念，渴望不計後果地自我奉獻、受苦受難、造福人群。
- 警醒自己是否利用為他人犧牲奉獻、受苦受難的方式，來換取利益及條件，甚或操控對方。

生活上渴望清除之陰影特質

- 在一群體裡為著共同的目標，想堅持信念、急於盡力服務，甚至赴湯蹈火，在所不辭，然而卻力有未逮或身心受創。
- 心中抱著一種為他人在精神或政治上得到救贖而付出的崇高理念，急於自我奉獻、受苦受難、造福人群，然而力有未逮而耽於自憐，導致能量低落。
- 有意無意中是在利用為他人犧牲奉獻、受苦受難，來換取利益及條件，甚或操控對方。

Seeker

尋道者

尋求生命道路、自己的內在真理。

尋道者解析

這張圖很有意境，你可以看到一個人背著背包、拄著拐杖，好像在沙漠當中。他旁邊沒有人，是獨自一人。尋就是找路，就彷彿《牧羊少年奇幻之旅》[6]。Seek是尋找，而「尋道者」的Seeker，正是指尋找的人、詢問的人。這個所謂的道，其實就是真理、方向，也就是所謂的「道路」。無論你是在尋找生命的道路中的任何一個狀態，若你抽到「尋道者」，就代表你正走在追尋自我生命真理的道路上。

很多人都會問我：「老師，你可以告訴我，我此生是要來做什麼的？我今生的靈魂使命是什麼呢？」如果他抽到Seeker，我就會說：「你現在的狀態就是走在這個尋找真理的道路上了，而且只能你自己走，沒有任何人有辦法告訴你，這條路要怎麼走。」因為你看他後方的腳印——那是他自己的腳印，但在前方有腳印嗎？沒有。那就表示，這條路其實沒有人走過。

我們都要走上自己的道路，而不是老師告訴你的道路；如果我告訴你道路，那就不是你的道路了。雖然你可能正在尋求生命的真理、尋找什麼是回家的路。其實這個「尋道者」，是朝向一個自我追尋、自我實

6 *El Alquimista*，保羅・科爾賀（Paulo Coelho）著。周惠玲（譯）（二〇一九），時報出版。

踐的道路，自己的路，要自己走。所以要怎麼走這條路，你自己其實可以決定，而且也只能自己決定，沒有任何人能夠代替你去走你的路。

這個「尋道者」原型，就很像翻開書本的你。你就是一個在追尋自己生命道路的人。路在哪裡？路是自己走出來的，當你上路了，路就會慢慢被你走出來。秀蘭瑪雅有首歌叫〈路要自己走〉，就是「尋道者」的主題曲。你自己走出來的，就是你自己的路。

「尋道者」的光明面，能找到人生追求的目標跟真理，運用很多方法去尋求資源、解決生命問題。

陰影面則一直過度追尋生命目標而耗盡太多心力，或在追尋生命道路過程中身心俱疲。

尋道者解讀引導

「道」是生命的真理。我們在尋求生命真理的路途，就像是走在沙漠黃土上，一步一步往前走。前方沒有腳印，象徵了自己的道自己走。

你看著他的背影，感覺如何？有些人覺得很有信心、有希望；也有人覺得很孤寂——每個人會投射自己不同的心情。

這人走在尋找生命真理的道路上，因為已經走上了，所以只有自己去走了。自我追尋的道路，是沒有人可以代替你走的。

每一個人的內在都有尋道者，有渴望踏上人生指引道途的性格，在你內在，就有個動力，會想要尋找內在的真理。例如：到書店看書時，你拿下一本心靈書籍，被某一句話敲醒；或是突然看到某個訊息，很想要來個生命的大轉彎。你可能不知道為什麼就走到這裡來了，而那是因為我們每個人內在都有要走生命道途的原型——走自己的路，你可能會走向全然不同的風景。

#自我覺察：你正在尋找什麼樣的生命道路？追求過程中有怎麼樣的體悟呢？

光與影的靈魂指引

生活上渴望展現之光明特質

- 找到自我人生目標或真理信仰，渴望四處追求。
- 懷著強烈的好奇心和求知的慾望，不惜遠走他方，去追尋知識、智慧及真理。
- 在工作、研究或創作上遇到難以解決的問題，深感自己知識、學問和能力的不足，渴望四處尋求有用資源，做短期或長期的學習。

生活上渴望清除之陰影特質

- 找到了人生目標或真理信仰，卻無法勇於追求；或尚未找到，而有漫無目的、四處飄盪的失根感覺。
- 懷著強烈的好奇心和求知慾望，想遠走他方，去追尋知識、智慧及真理，然而無力克服重重障礙，以致身心疲累或能量低落。
- 沉溺於某種比較以自我為中心的信念、哲理或宗教，因為太過執迷，耗盡過多時間與精力卻又無益於生命成長。

Pioneer

拓荒者

先鋒先驅，走新道路。

拓荒者解析

「拓荒者」，去沒人去過的地方；做的沒人做過的事。是先鋒者、先驅者，會擔任第一線，走出嶄新的道路。

他就是第一個有新發現或走到新狀態的人。這個原型的人，可能是一個發明新事物的人或創造者，或可能他就是一個發明家。

他喜歡去發現一些事情、去點亮一些新的可能性，而且這件事背後的本質是帶著愛的。在燈泡中間有愛心鎢絲，

這個原型就讓我想到，如果我們去看很多的發明，都是所謂「科技始終來自於人性」——電燈泡發光，象徵著發明家愛迪生發明燈泡，他的燈泡點亮了世界的光。這代表所有人的創意其實都出自於對人類的愛，對於人性的關懷。

這些發明、創造，就是希望人們可以過得更便利、更舒服，然後有光明、有電。這裡有一種放煙火的感覺，不僅是創意的發光發熱，還是對人類的善意與愛。

「拓荒者」的光明面，可以看到全新的機會跟挑戰並投入其中，渴望創造全新的風格或表現。

陰影層面的「拓荒者」則會貿然投入新方法而身心俱疲，或過度追逐開創而未能安定。

拓荒者解讀引導

如果你問一個問題，抽到「拓荒者」，代表你在這個問題上，其實是帶著一種新發現的亮光，會帶進你所問的這個問題，或是所問的領域裡面。可能常常你是第一個發現這些事情的人，或者第一位去做哪件事情的人。

「拓荒者」會有新的創造、新的開始、新的事物突然靈光乍現，然後點亮燈泡，好像在黑暗當中點燃一盞燈，而且是帶著愛的。如果你是問自己的狀態，抽到「拓荒者」這個原型，他也是在鼓勵你，想想要當自己什麼層面的拓荒者——你希望在自己生活當中的哪一個層面，去探索、去發現更多新的可能性呢？

#自我覺察：你在哪方面具有創意的點子？你可以往內在去探索：「我想在哪個地方有貢獻？要當自己什麼層面的拓荒者呢？」良善的美意會讓你有更多的想法和激盪。

光與影的靈魂指引

生活上渴望展現之光明特質

- 看到一個全新的機會和挑戰，渴望投入這充滿期待的未知方向，開拓全新的領域。
- 察覺內心習以為常的信念、觀念或行為模式，渴望突破此限制，給予自我在生命上全新的體驗。
- 渴望創造全新的流行、藝術、音樂、文學風格或表現方法。

生活上渴望清除之陰影特質

- 急於擺脱現有生活模式，貿然投入全新的領域，卻因窒礙難行而身心疲憊。
- 過於自我否定習以為常的信念、觀念或行為模式，盲目嘗試未曾做過的事物，導致一路跌跌撞撞，能量虛耗而低落。
- 在外力強迫或內心需索無度之下，無止盡地追逐，從未安定。

Shape-Shifter

變形人

靈活多變、彈性圓融。

變形人解析

多元的層次、形象形體的轉移……，他的特質就是很有彈性，演什麼像什麼。

像這樣善於形象跟形體型態轉移切換的人，我們常常會說他「很有彈性、很多元、有很多面向」。比如說，百變女郎。或者我們會一個人好像有很多種不同的能力、不同層面，可以去應付很多不同的狀況——就是「變形人」。

這種人很靈活，面對不同的人就會講不同的話、做不同的轉變。他知道在什麼狀態該講什麼話，也知道跟不同的人要有不同的溝通方式，能很有彈性地變來變去。

這個原型就是這樣，遇到各種狀態，該怎麼處理事情，他就會切換到那個層面，是能夠穿梭在各種不同狀態、事件中的人，而且他很有空間，可以隨時調整。

「變形人」的陰影，就會讓人覺得，他好像牆頭草，也就是台語說的「西瓜偎大邊」，看哪裡有怎麼樣的好處，就往那邊靠。本來是說這邊好話，但發現另一邊怎麼樣，就又靠過去講那邊的好。

「變形人」的光明面，是能有彈性地因應、面對問題，重新調整自己並因此蛻變、成長。

陰影面的「變形人」則會為了迎合他人而成牆頭草，由於過於多變而失去個人特色。

變形人解讀引導

你可能見人說人話、見鬼說鬼話，可以快速切換人格特質，穿梭在不同狀態裡面。這樣的人，其實就像是有很多頻道，看你要看哪一台——你想看幼幼台，我就轉幼幼台給你看，突然變成草莓姐姐、水果哥哥，還是你要巧虎，就變成巧虎；遇到老人的時候，突然就轉台語。這種人回到家，可能就是變成一個好媽媽，很會哄孩子，或很會照顧老公；然後去學校，又變成一個好老師，會教學、管學生、罵學生。說起來，很像業務吧，有很多的不同的面向，遇到不同的人，就用不同方式溝通對話。

#自我覺察：你可以做出什麼彈性的思維或改變？在多變的同時有明白自己的特色嗎？

光與影的靈魂指引

生活上渴望展現之光明特質

- 渴望在工作或日常生活中，能以各種不同角度看事情，呈現機巧善變的特質，並把事情處理得更有彈性及圓融。
- 善於重新塑造自己，以求在生命中大幅度地蛻變與成長。
- 像印地安薩滿巫師一樣，有遊走於各意識、夢境或星光界層面的能力，具彈性開放思想與可看透各種事物的潛力。

生活上渴望清除之陰影特質

- 在工作或日常生活中，需以各種不同角度看事情，希望處事圓融、有彈性，然而太過於機巧善變或矯飾逢迎，以致於感覺疲累或能量低落。
- 習於重塑自己只為了符合他人期待或迎合最新流行思潮，因而呈現不穩定、變化無常及缺之承諾的人格特質。

Destroyer

◇◇◇◇◇◇

摧毀者

沉積已久的爆炸、打掉重練、破壞重生。

摧毀者解析

若「破壞者」是仙女棒；「摧毀者」就是火山爆發。

你可以想像他情緒爆炸的程度，是徹底毀滅的。你如果去感覺抽到這張牌的人的個性，往往會是衝動、情緒化、易怒、破壞力十足，而且毀滅性強的。

與他相對應的塔羅牌是「高塔」牌——要燒就燒吧，跳吧，留著命一條重來。這其中也包括對制度、規則的破壞。他也對應馬雅圖騰裡的「藍風暴」，是改變與重新建設。

在破壞之中，他同時擁有建設的能力。你可以引導這種特質的人往正向的建設行動做思考，因為通常抽到這張牌的人會停留在「怎麼摧毀」的狀態，但是不知道要如何建設。

「摧毀者」的光明面，會想要清除一些固有信念而帶來新的重生，覺察到生活中的混亂跟沉悶。

陰影面則全部任由自己或他人摧毀，沒有更好的建設性能力，也無法提出全新思維。

地球上有一些火山帶，三不五時會小小地爆發一下，這樣就比較不會形成大災難。但也有一些比較重大的災難，比如說，印尼火山爆發引起的海嘯，就把整個村莊、城市全部都淹沒了。這種絕對是火山已經醞釀了一段時間，甚至累積很多岩漿。這些岩漿就是對應到我們內在的情緒、憤怒或不舒服的感覺——如果我們在生活裡沒有適時地把這些感受帶出來、做表達的話，這個摧毀者其實就會有一種爆炸的感覺，然後他就會演變成我們常說的「壓垮駱駝的最後一根稻草」。其實，也就是他已經不想再繼續忍下去了。

摧毀者會把一切全部都打掉、毀掉、破壞掉，那是為了要準備重生——重新去建設、調整，所以打掉重練。

摧毀者的能量是鼓勵這麼做的，是要把一些能量重新調整、釋放掉。摧毀者的破壞性放在光明面，就會解釋為破壞之後帶來新的建設與重生；陰影面則只有破壞、只會搞破壞，把東西都弄壞、甚至把自己的身體都搞壞了。

「摧毀者」的摧毀在各個方面都有可能，有時候甚至是對身體的一個總摧毀。例如：自我放棄、自殺、自我暴力或是攻擊他人……，以上都是一種摧毀性的能量。這個能量在陰影層面就是只有破壞、只會攻擊自己、攻擊他人，並沒有去思考對於這個憤怒，自身的內在的狀態到底該如何去調整。

所以像有些人的情緒很多，可能有躁鬱症或一些身心疾病，甚至有些個案患有精神疾病、精神分裂這樣的狀況，他們的內在就會感覺好像有另外一個人格，一直不斷地好像要衝出來。有時候我們就會看到，他很想要去破壞——不是那種戳熱氣球的小破壞，而是很想要整個摧毀——去摧毀自己，或是摧毀別人的什麼。

當前述這股摧毀的能量，並沒有為整件事情帶來一個更正向的建設性，我們就會解讀他是落入了陰影。

摧毀者解讀引導

如果抽到摧毀者這個原型，必須要追加詢問：「現在所問的這個問題，或是正要面對的這個困境，是不是已經有一段時間了？你是不是早就想要有些改變跟調整？」而這個原型，正突顯了「現在就是打掉重練的好機會」。

若遇到詢問感情議題的個案，類似像恐怖情人——有些人就會抽到「摧毀者」。如果他有著「摧毀者」人格，問感情事時，就常常會很想要打掉重練，要不分手，要不就是毀了那個第三者，或者打算玉石俱焚：「我愛不到的你也別想愛到！」這些都是「摧毀者」很經典的內在狀態。他沒有辦法成全他人或者因為見不得別人好，就是會要去摧毀掉某些東西。

在工作上、生活上、感情上，其實都有機會遇到像「摧毀者」這樣的角色，而這些人的破壞性是比較強大的。

如果諮詢者抽到「摧毀者」，我們不要去跟他談陰影，而是要往比較好的、有建設性的功能去聚焦。比如說，他的問題是吵架。以吵架來說，崩潰、撕裂的一些口角其實都是滿摧毀的。那你就要問：「對一段關係來說，這樣子的爭吵有給你們帶來什麼新的建設嗎？」如果有一些什麼建設性的作用，就往這個方向去做討論，我覺得對於這些摧毀者來說，比較可以帶來一些新能量的改變和轉化。

#自我覺察：為何需要摧毀呢？要摧毀什麼？這些摧毀帶來什麼新的建設？

光與影的靈魂指引

生活上渴望展現之光明特質

- 察覺到目前生活上過於混亂、沉悶或違背內心真實渴望。
- 內心想要徹底清除掉現有的某些有形或無形的東西，包括物質生活條件或者內心一些固有習性或信念，然後重新建立起新的生活和心理狀態。
- 想徹底掙脫心中所受的綑綁或破除自己的幻象。

生活上渴望清除之陰影特質

- 生活上過於混亂、沉悶或違背內心真實渴望，急於破壞與重建，但反而導致生活失去重心和安定。
- 習於解除自我綑綁及潛在干擾，頻頻重建全新的生活模式及思維，讓身心感到疲累或能量低落。
- 執著於本身主觀現實的偏見，沉迷於破壞的力量，傾向否定別人的想法、才能或價值觀等。

Avenger

復仇者

伸張不公、內心平反。

復仇者解析

「我受到不公平的對待，而我想去平衡這樣的感覺。」這是「復仇者」的心情，感覺到不公平、想要去平衡他的不平衡。

「復仇者」可能其實是有受到一些不平等的對待，像是被他人辜負、被親友背叛、被社會不公平對待等。比如說，你對別人很好但是別人卻不是那樣對你，往往就會有一種被背叛、被辜負的感覺，或是覺得有點委屈吧。

「復仇者」就是受了一些不平等對待跟不公平的回應，而現在，他要去展開復仇行動。

這張「復仇者」也常讓人誤會，抽卡者往往會困惑於自己並沒有想復仇的心情和行動。然而這些都是一個象徵，重要的是去探究其真實的心情——很可能是內在裡有想要公平的感覺，而去做某些事，但行動上不一定是「報仇」。

你可以自問或問個案：「在這段關係中，你是否有覺得受到不公平的對待？當你感覺不公平時，你會做些什麼？」

我們要回到心情面，看內在有沒有想要平衡或平反；想要去解釋或是為自己做些什麼，來扭轉本來的不平衡。所以你看牌面上復仇者穿著世界航海圖，這訴說著君子報仇，十年不晚。不管對方躲到世界的角落，他都會找出來的意味。雖然表面看起來像是「我沒關係呀」，繼續做平常的事情，也不想花太多能量跟誰去計較這些東西，但他心裡面會記得這件事。無論對方躲到世界各地或天涯海角，只要生命裡那個按鈕被按到，就像被踩到那個點，回憶馬上就會開啟。因此他穿著這個世界地圖航海圖，就是在說：「我只是在找機會。我在找機會要讓你知道，其實我也不是省油的燈。」

他戴著眼罩，其實是有點不想讓別人認出來，就像一些派對、威尼斯面具舞會、歌劇魅影之類，不是會出現很多的眼罩嗎？這其中就有一種隱藏自己的意思。他不一定會暗地裡來、找機會把對方暗暗摺倒。但就像剛剛說的，他心裡有種想法是：「我會記住你，然後我會知道什麼時候要為自己去擺平這件事。」

以心理學來講，這就是過去有一些創傷，會形成我們內心的一些未盡事宜，於是當生命歷程裡出現一些相似的狀況時，那個按鈕就會被按到，直到你終於去正視、面對、處理，這件事情才會被你消化掉、被你安撫好。此後，當你再遇到類似的事情，就再也不會再被踩到地雷了，因為真的過去了。

所以如果我們講比較深一點的內在，其實復仇者的重點不是要報復，而是要去療癒，去平衡、安撫自己，平反那個過去曾經受傷的經驗。

「復仇者」的光明面，能找到一些方法展現自己、轉化委屈，做更好的行動，但其實內心是記住的。

陰影層面的「復仇者」，則想要捍衛崇高的理想而態度激進，因生活中遭遇不公不義而憤恨不平。

復仇者解讀引導

「復仇者」可能受到不平等的對待、不公平的回應，因而展開復仇的行動。那也未必是個復仇行動，有時在生活中會表現得如：用刷卡復仇缺乏愛的陪伴。只是用一些行為來平反、平衡內心受傷的感覺。

面對抽到這個原型的人，我們要協助去療癒對方內心的不平衡，而不是去進行復仇行動。舉個例子，比如說，一個很有錢的老闆娘，被她老公長期冷落，於是她只好每天刷老公的卡，把老公的卡刷爆、錢花完，這就是有報復的意味。因為她覺得：「既然你不想理我，不想花時間陪伴我。管你是刻意的還是有苦衷，反正我就是要用一些平反行動來表達。」重點就是——她需要有些行動來平反。這時解牌的重點，就是看她會透過哪些行動來平衡自己，以平反這些受傷或者是不舒服的感受，而不見得是直接對當事人發作。

又例如，遭遇背叛的狀況發生時，如果抽到復仇者，要給我們的學習是什麼呢？其實就是不想要別人再同樣來對待自己，而可能你就可以更努力、更積極或者是讓自己更成功，來證明自己更豐盛然後過得更開心、更美。這股能量整個爆炸，會非常非常地有力量。這就是利用復仇者的光明屬性——讓自己在這個事件上面，找到一個自己平衡的點，去轉化那些不舒服、比較委屈的感覺，以及受到不公平對待的狀況。

#自我覺察：內心想要平反什麼事情？是否有更好的行動能協助處理那些不公？

光與影的靈魂指引

生活上渴望展現之光明特質

- 渴望在正義天秤上積極取得平衡，展現社會及自我的公正特質。
- 生活上自己或朋友被欺負或遭利用，渴望挺身解決問題。
- 渴望盡一己之力，來捍衛他人的理想
- 為社會、周遭事物或自我的公平正義，極力辯護或抗爭。
- 提醒自己在正義天秤的標準認定上，可能過於主觀或黑白分明，避免因此導致對立衝突。

生活上渴望清除之陰影特質

- 在正義天秤上急於取得平衡，企圖突顯社會及自我的公正特質，然而導致身心疲累或能量低落。
- 自己或朋友被欺負或遭利用，急於挺身解決問題，卻力有未逮。
- 急於捍衛自恃崇高的理想，態度激進，甚至訴諸暴力。
- 在生活上對於周遭不公平正義的情況，有強烈的感受，甚至憤恨不平，急著為其爭辯或抗爭，然而力有未逮導致身心俱疲。
- 在正義天秤的標準認定上，過於主觀或黑白分明，導致激烈的對立衝突。

Liberator

解放者

突破框架、自由蛻變。

解放者解析

他拿著自由女神的火把，火把象徵著自由及解放（解放奴隸）。內在有一個很想要突破舊有框架的行為模式；可能很想去解救自身或身邊人的行為、觀念、想法等等。可能是為你自己、別人、家庭、工作，帶入更多解放的能量，去解放那些傳統的、制約的、舊有的想法和制度；也有可能是解放自己、解放舊有的想法和成就，並做出一些適當的改變。

若在關係中抽到這張，那個人可能說過：「不行啦，我們要更進步，不要太八股。」在家庭、父母宮位抽到這張，可能長大後出去學了些東西，回來會告訴爸媽：「你們這樣太無聊了，觀念都沒改。」

例如，我曾經有一位個案，就常常跟他爸爸說：「都什麼時代了，還要跟我講這麼老派的事情嗎？」當時，他父親在講幾十年前的事，可能提到：「日據時代時，我們都是多麼的辛苦……，都沒有錢讀書、吃飯。你們要努力、要加油、要積極、要勤勞一點……。」遇到父母或老人家提起這樣的事情，就會讓這個原型的人說：「等一下，我們現在已經不是日據時代了好嗎？這樣子的例子已經不適用了！」

別人可能會用某些舊有的狀況讓我們去聽從，想要把那樣的標準套在我們身上，所以如果抽到「解放者」這個原型，表示在這樣的關係裡，你可能可以去解放自己或他人身上一些舊有的能量——這也是非常適合拿來做自我觀照的一張牌。

「解放者」的光明面，能夠放下過去的執著、重獲自由，懂得幫助一些人從負面解放出來。陰影面的「解放者」，卻因太想要釋放自由身心俱疲，或沉浸在協助解放他人而過於獨裁。

解放者解讀引導

「解放者」原型有兩個層面的自由，一個是協助我們自己自由；另一個是協助別人自由。不論在自己或在別人身上，都會有一些舊有、比較傳統老舊的想法、思維、信念，還有一些行為的標準、價值觀等等。這種舊有框架其實是被制約的信念，有些老派的想法，已經不符合現在的狀況，我們都可以透過「解放者」這個原型的協助，去好好地更新我們自己。

因此，解放者最重要的是——放下及看見。而第一步就是要先去看見和覺察目前生活中，或是你所問的那些議題裡面，有什麼需要改變了。可能那些想法早就已經過時；某些制約、框架規範早就已經不符合現代的一些情境，但有時候我們就是會很慣性地守住或抓住。心想：「以前都是這樣啊，我們就繼續這樣下去吧。」可是當「解放者」出現的時候，我們就要想：「我以前是這樣沒錯，但現在一定要這樣嗎？」

#自我覺察：覺察自己目前生活有哪些要改變的想法？有哪些要更新、要改版的？

光與影的靈魂指引

生活上渴望展現之光明特質

- 渴望放下過去的執著，重獲自由的喜悅。
- 渴望著蛻變，重新思考或清理人生舊有、過時的信仰和理念。
- 努力幫助自己或他人從一些如：罪惡感、自我苛責、精神遲緩、沉迷上癮等負面狀況中解放出來。
- 渴望協助他人從不公義的情況或經濟、社會困境中解放出來。

生活上渴望清除之陰影特質

- 急於想放下過去的執著，掙脫舊有、過時的信仰和理念，重獲自由蛻變的喜悅，然而力有未逮導致身心疲累或能量低落。
- 努力幫助自己或他人從一些如：罪惡感、自我苛責、精神遲緩、沉迷上癮等負面的狀況中解放出來，然而卻力有未逮。
- 渴望協助他人從不公義情況或經濟、社會困境中解放出來，然而卻過於蠻橫獨裁，忽視合法規範，導致結果不如預期。

Rebel

反抗者

特立獨行、叛逆、對立，不想跟別人一樣。

反抗者解析

「反抗者」本身是一個叛逆的角色。與塔羅中的「吊人」相似，標新立異、特立獨行，就是要不一樣。當大家椅子都擺地上，他偏要把椅子擺在樹上。

某些人就是會有種「不想跟別人一樣」的心情，如果別人是一整群人、都長得類似的樣子——就像穿制服。「穿制服」其實是一個形容，不喜歡穿制服也代表你不喜歡一樣的東西，不喜歡跟別人一樣。所以當別人都怎麼做的時候，這個反抗者心裡面就會覺得：「我就是要不一樣，我就是想要做自己。」所以這種人當然有時候會在群體跟團體生活裡面顯得比較特殊，可能就比較不遵守團體規則、不遵循常規或者團體的規範。他們也常在學校被老師視為頭痛人物，遇到制度或規定的事情，會反問：「為什麼一定要這樣？不按照規定不行嗎？」如果說不行，他又會問：「為什麼不行？不是有穿就好了嗎？為什麼要穿運動服，為什麼要穿裙子？」

不論背後的動機為何，他都會經由對立的行動，展現出獨特之處，拒絕服從某種狀態。

「反抗者」在陰影層面，就會變得愛挑戰權威，造成亂象。他不見得是不想遵守，但更多的是只因為想要反對這個規範，而去做出反抗的行為。

如果這個反抗跟特立獨行的行為是有比較正向或帶來創新、創造和新改變，反抗者就會有很多新穎、特別的東西冒出來了。在他的光明面我們就可以去想像，有些很雅痞、很做自己的人，他不會影響到整個社會規範或引發混亂，就只是會歸類在叛逆跟獨特，是比較正向光明的。

「反抗者」的光明面，特立獨行帶來創造、新穎、不會造成混亂，勇於覺察陳舊的思維而提出改革創新。

陰影「反抗者」，會為了反對而反對、挑戰權威造成亂象，面對環境無法做出真實的自己。

反抗者解讀引導

假設你是老闆，問你員工的事情，如果你在員工的位置，出現了反抗者，那他或許還滿挑戰權威、老闆的位子。這就看你自己是不是可以接受你的員工那麼地做自己？你是不是願意讓他也可以有自己的發揮？

在「反抗者」的這個原型上，我們就看你是問什麼樣的問題，本身又是什麼角色？每個原型都有光明跟陰影，不是絕對的好或不好，而是看這個角色放在什麼樣的地方，才能夠有一個正向的發揮。

#自我覺察：目前生活中，有哪些地方比較不想照一定規範走？內心是不是有比較叛逆的部分？

光與影的靈魂指引

生活上渴望展現之光明特質

- 在生活上面對龐大的人情壓力與繁瑣的團體規範，勇於拒絕與抗拒，渴望真實做自己。
- 勇於挑戰權威、抗拒不合內心需求的信仰與思想，丟棄過時不合理的體制與偏見。
- 察覺在專業工作或藝術創作領域裡陳腐老舊的思維、理念，渴望成為一位改革創新者，促進自我與社會的成長進化。

生活上渴望清除之陰影特質

- 在生活上面對龐大的人情壓力與繁瑣的團體規範，急於拒絕與抗拒，然而力有未逮，難以真實做自己。
- 對某些社會或機構的體制、權威有強烈的排斥反應，然而常落入「為反抗而反抗」的循環模式，讓身心疲累或能量低落。
- 對目前流行的趨勢、信念、價值觀和社會規範缺乏清晰思考，容易受他人意見影響或迫於同儕壓力而有非理性的反抗行為。

Healer

療癒者

醫療系統、內在治療。

療癒者解析

「療癒者」指的是全方位的療癒工作者。「治癒」（Heal）是跟醫療有關的幫助，可以協助解除某些不舒服的身心症狀。可能是醫生、護理人員、職能治療師。

從牌面上來看，這個療癒者的姿勢，也好像是做靈氣的療癒師，在施展身心靈的療癒，比較是全面性的，包含身體的治療、情緒的療癒，到內在心理的層面都有。他會帶給你更多的信心，幫你找出生活當中有什麼困難、卡在哪裡，並貼近你實際的身心靈生活，給予更多的光和指引。

「療癒者」的光明面，能展現治療的潛能、身心靈方面的療癒熱忱，具有療癒自己與他人的能力。

陰影層面的「療癒者」，則因急於想要療癒他人或自己而身心俱疲，投入身心靈但過度深陷對方或自己的情緒中。

療癒者解讀引導

在生活的既有基礎上，將你帶往內在，向上成長的療癒。

#自我覺察：你能夠療癒自己或他人嗎？都用什麼方式呢？是否會因為療癒這件事情而過度支出能量呢？

光與影的靈魂指引

生活上渴望展現之光明特質

- 渴望展現自身治癒的潛能，展現身心靈治療的服務熱忱。
- 具備自我療癒及自我補充能量之能力，能幫助他人轉化痛苦，並灌注肉體和感情轉變所需的能量。

生活上渴望清除之陰影特質

- 急於做身心靈方面的治療，然而因缺乏自我療癒及自我補充能量的能力，導致身心疲憊或能量低落。
- 在生活中因經濟及生存壓力而急於投入身心靈治療的工作，然而卻力有未逮。
- 熱心地想治療周遭身心靈受創的人們，卻過於投入而常逾越專業上的界線，甚至不自覺深陷對方的低落能量，導致身心俱疲。

Exorcist

驅魔者·薩滿

薩滿、巫醫、去除內心陰暗。

驅魔者·薩滿解析

「驅魔者·薩滿」有巫醫、巫師的原型角色，會借用自然的能量與大地的頻率，還有召喚一些神靈。他也可以對應到，台灣一些較為傳統的宮廟，類似收驚、乩童、施行民俗療法者等。

驅魔者與療癒者的差別在於——「驅魔者」的特色，強調個案處於一種不舒服的狀態，特別是有病痛的，所以需要幫對方驅魔。「療癒者」可能只是內在的安撫；但「驅魔者」卻是治療明顯的疼痛、不舒服、卡到陰、去除黑暗面。例如：祭改、喝符水這類行為。

「巫師」原型也是相同的概念，他們會使用沙鈴、羽毛、召喚四方元素力量，透過一些儀式協助你去驅逐內心的陰影或者是頭頂上的這片烏雲。

民俗中的過火爐也是巫師儀式裡基本模式，就要是燒火盆、過火爐，把舊有的東西和一些會破壞自己的不舒服能量等等都燒掉。現在滿多療癒師都有這個原型的，「療癒者」跟「驅魔者」都會一起出現。

「驅魔者·薩滿」的光明面，能夠覺察內心的善惡、對錯二元信念，明白自己有一些長久累積的負面能量。

陰影面的「驅魔者·薩滿」，則深受黑暗、光明兩端的考驗而身心俱疲，甚至因長期處在負面能量中而導致身心異常。

驅魔者．薩滿解讀引導

若在人際關係中抽到這張，你很常是朋友的垃圾桶，時常接收負向情緒——這樣的你就還滿有「驅魔者．薩滿」的特質。但如果朋友會請你提供想法、意見，請你點出問題的盲點，則比較像是「療癒者」。

#自我覺察：你是否常接受自己或他人的負面能量？你都如何去除這種低沉頻率呢？

光與影的靈魂指引

生活上渴望展現之光明特質

- 渴望將自己或他人從毀滅性衝動中解放出來。
- 渴望能夠面對被自己或他人之毀滅性或反社會衝動所挾制的邪惡情況。
- 覺察深藏內心如：天使與魔鬼、善與惡、對與錯或黑與白等極端二元信念，渴望放下並超越他。
- 察覺自身長久淤積之負面能量，甚至已經造成生、心理異常，如：憂鬱、易怒、感冒等，渴望強力驅除。

生活上渴望清除之陰影特質

- 急於將自己或他人從毀滅性衝動中解放出來，然而身心疲累或能量低落。
- 無力面對被自己或他人之毀滅性或反社會衝動所挾制的邪惡情況。
- 深受內心如：天使與魔鬼、善與惡、對與錯或黑與白等極端二元信念所束縛，難以放下。
- 自身長久淤積負面黑暗能量，甚至已造成生、心理異常，如：憂鬱、易怒、感冒等，但無力驅除之。

Trickster

詐術者・魔術師

詭計多端、花招百出。

詐術者・魔術師解析

Trick，意指詭計，像惡作劇、方法、訣竅、秘訣、技巧……。而Trickster，就是詐術者、策略家、魔術師。

這張圖，是一個「很多花招的魔術師」，從帽子裡跑出許多魔法球，他可以把他想要變的東西，都幻化出想要呈現的狀態。他有很多花招跟招式，你要什麼都可以變出來給你。

因為變化性極高，有時也會讓人摸不著頭緒。

你會疑惑剛剛球不是在這嗎？怎麼跑到罐子裡。他也可能這一秒變出鴿子，下一秒變出兔子，魔術師絕對不會只有一招。

抽到這張牌的人，有很多不同招式的變化，要什麼有什麼。別人說要什麼東西，馬上可以變出來給他。

如果你是個輔導老師抽到這張，就表示你很會對付學校裡難搞的個案或職員。

「詐術者・魔術師」的光明面，能夠在各方面求新求變，勇於接受挑戰並展現才能，有許多方法應對。

陰影面的詐術者・魔術師，則被傳統束縛而無法有新的變化，過於要花招而忽略心意流於虛假。

詐術者．魔術師解讀引導

他善於用一些小伎倆，有很多方法、花招、招術，要什麼有什麼。

「詐術者．魔術師」是有很多不同的技藝、技巧、技能與方法。如果你是問學習，或想知道比較缺少的原型是什麼、要跟哪一個原型學習。抽到這個詐術者．魔術師，意思就是要你去多學一些花招、招數和招式，不管是騙小孩的花招，或者是多記一些冷笑話等等都行，總之去擴充自己的錦囊妙計。

#自我覺察：能在生活中變出很多花樣或東西來應對嗎？懂得運用技法讓生活更好嗎？

光與影的靈魂指引

生活上渴望展現之光明特質

- 渴望超越傳統規範、打破沉悶僵化的氛圍，在工作或處理事情上求新求變。
- 在人際關係上，渴望超脫既有過於表面客套、強調禮儀的應對進退，以無傷大雅的玩笑及把戲，來讓人與人相處有更多的新鮮活力和情感流動。
- 在工作或做事環境裡，感受到侷限難以變通的積習與規矩，或者有某人或機構企圖用同儕壓力、因襲制度來壓制，渴望勇於接受挑戰，積極展現足智多謀以及大膽創新的才華，提供令人意想不到的替代解決方法。

生活上渴望清除之陰影特質

- 受困於傳統規範、沉悶僵化的氛圍，急於在工作或處理事情上求新求變，然而力有未逮。
- 在人際關係上，厭煩於既有過於表面客套、強調禮儀的應對進退，性喜互相開曖昧的玩笑及玩唬人的把戲，然而忽略他人的感受導致身心受創。
- 在工作或做事環境裡，深陷於侷限、難以變通的積習與規矩，或者困擾於同儕壓力、因襲制度，急於改變或逃離，然而缺乏足智多謀以及大膽創新的才華，無力提供令人意想不到的替代解決方法。
- 在現實環境中深陷於外在的各種物質或制度之束縛，無力面對，無法找出有效的解套方式，更甚者，可能會用欺騙的手法或惡作劇來作弄他人，或假扮其他身分地位來謀取自身的權力與利益。

Dilettante

藝術愛好者

藝術形式、多元興趣。

藝術愛好者解析

他喜歡各種藝術活動，是一個多元的藝術愛好者，未必是專家。擁有多元愛好的特質，對各種藝文活動都很有興趣。

他對於很多的東西都很喜歡，但稱為「藝術愛好者」，並不是藝術家。你看這張圖上的角色真的很忙，拿著鍋子鏟子學煮菜、還有本食譜；還在畫畫；另外一隻手拿著花，可以想見，不管是花藝、繪畫、廚藝……他都是很有興趣的。但愛好者就只是一個業餘的，這就是這個原型的重點。他跟藝術家最大的差別，就在於——藝術家是專業等級；但藝術愛好者是業餘的。

他對每一種喜歡的東西就好像沾醬油一樣，學一下、學一點、學一些，不是要去做到多麼達人等級的，他不會要求自己要多麼頂尖，就只是很喜歡去做那些事。

要是落入陰影面，就會什麼都不精、沒有真的學得徹底、不會精研，一堆嘗試就可能只是興趣而已。容易讓人覺得這樣的人是個半調子、半瓶水。

光明的「藝術愛好者」喜愛學習多樣藝術事物，並保持一個開放的心去學習。

陰影面的「藝術愛好者」，則半瓶水、不夠專業，事情常淺嘗輒止、不夠深入，或因為多方學習而導致身心俱疲。

藝術愛好者解讀引導

你對很多東西都很喜愛，雖然只是業餘的。

#自我覺察：但喜愛各種藝術類型的事物嗎？是喜歡到處學習的人嗎？有保持開心嗎？或者會因為過多的興趣而導致不專業？

光與影的靈魂指引

生活上渴望展現之光明特質

- 喜於學習多樣藝術，但察覺出自己在走向更專業的道路上，還有一段距離或有客觀的困難。
- 渴望自己在學習各種藝術或技藝時，持續保持好玩、開心的心態，遠離走向專業帶來的沉重壓力。

生活上渴望清除之陰影特質

- 對很多事情都覺得很新鮮有興趣，想去涉獵或學習，卻因此身心疲累或能量低落。
- 基於對自我能力上的信心不足，各種學習都屬於淺嘗的地步，不敢用專業的精神去深入鑽研。
- 有點高估目前的學習成果和水準，因此自滿並以專家自居，阻礙自我更進一步成長。
- 過於強迫自己往專業方向邁進而給自己太大壓力，失去了原本學習是為了好玩、開心的初衷。

Alchemist

煉金術士

去蕪存菁、精煉內在。

煉金術士解析

擁有轉化的能力，達到「單純、精煉」的過程。

什麼叫煉金？就是去蕪存菁的過程。比如說，你找到一堆金屬，把鉛、鐵、雜質拿去提煉，只保留最純粹的黃金九九九——所謂「真金不怕火煉」就是如此。

在靈性的內在自我鍛鍊中，也會以煉金形容。煉金本身就是修行的過程，人也是要脫掉很多雜質、去除外在的烏雲，即便遇到艱苦、痛苦、討厭、挑戰等等，在這些過程當中我們也必須要去學習，怎麼把這些雜質慢慢沉澱與拋去，然後留下自己想要的——是一個照見自己內心的過程。

煉金術，是產生質變的過程，把東西丟進去後，已經不是原本的狀態了。我們學習一個系統或牌卡的過程也是在煉金，把許多的訊息、知識加在一起，把知識去無存菁，提煉出純度夠高的、最適合你的，最後整合。煉金是個提煉，將純度淨化的過程，更是一種身心靈修煉「轉化自我」的能力。

你累積了許多生命經驗不斷去撞擊，丟到熔爐理面，就會濃縮成生命的菁華。

如果你有這項特質，你很有去蕪存菁的能量。白話點來說——你很會抓重點、抓主題，找出最核心的概念。

「煉金術士」的光明面，能夠將生活平凡事物轉化成更特別的表現形式，能把抽象意義轉化成更高的心靈層次。

陰影「煉金術士」，則會過度因為想要轉化、發揮才能導致身心俱疲，或為了抓住核心概念而過度濫用職權。

煉金術士解讀引導

這張原型，在提示去除雜質、提升內心品質的純度。類似於提煉黃金那樣，去看看是否能替自己去蕪存菁、把煩惱轉化成智慧。

如果現在必須要學習，或是有這個原型的話，首先有一個重要的修煉就是——提升我們內心品質的純度。就像給自己一個黃金般的鍛鍊，去提升純金的力量。

第二個部分，則要回到我們自己的內心是不是可以去蕪存菁——當面對生活中的困境、煩惱、壓力、不如意的事情時，是不是有辦法把這些考驗轉化為生命的智慧，轉化成自己最想要的樣貌？

#自我覺察：有什麼是想去鍛鍊的？什麼事需要去除雜質？又要怎麼留下真正想要的？

光與影的靈魂指引

生活上渴望展現之光明特質

- 渴望展現本身潛在的藝術創造及發明能力。
- 渴望將生活層面上的平凡事物，轉換成更新奇和引人入勝的表現形式，如：藝術、繪畫、攝影或表演娛樂等。
- 渴望將某種抽象的意義或想法具體化或物質化，使自己最高心靈層次達到完全的靈魂轉化。

生活上渴望清除之陰影特質

- 試圖運用創新與發明在生活層面上，想發揮多方面的才能，然而因此感到身心疲累或能量低落。
- 希望能將抽象的意義或想法，用新奇和引人入勝的形式呈現，但是有點自以為是或不切實際。
- 濫用經由潛心挖掘或宗教修行所得來的權力及知識，目的在於個人利益或掌控他人而不自知。

Artist

藝術家

藝術專業、注重美感。

藝術家解析

音樂家、雕刻家、畫家、舞蹈家、作詞者、作曲者……，這些人透過各自擅長的藝術形式，表達他們內在生命的情感及經驗、想法及感受，將內在語言呈現在藝術作品上。我們可以從作品中，一窺各時期的生活。至於陰影的藝術家，則會有不知所以的堅持、龜毛性格及怪癖。

與「藝術家」相對應的「藝術愛好者」則是業餘的，他可能接觸了各種藝術；但藝術家，只專門做一件事情。他透過藝術表達自己的生命，把想要發揮出來、想傳達給大家、想帶到世界上的感受，及他的生命經驗與情感等等，都透過藝術形式表達、傳遞出來。

藝術家的畫都是一種象徵，如果你有去研究過一些畫家不同時期的畫，就可以感受到。例如：畢卡索在不同生命階段的畫風都是不同的。有些畫家這個階段因為跟某個女人在一起，是一個畫風；到下一任老婆，又換了風格，整個畫風一直在變化。

只要是把內在感受以藝術形式來表達，就是藝術家。不一定是說「你很會畫畫」這樣解釋而已，我們在解釋上的廣度要更廣，才不會淪於侷限。

回到一般人的人格特質上來看，藝術家可能就是會有些怪癖、奇怪的龜毛或自我要求的執著。

「藝術家」這個原型的正面解釋是——對於生活的品味和鑑賞能力、美感、穿著的搭配、做出來的東西等，要求比較高標準。舉例來說，抽到「藝術家」這個原型的人，他交出來的報告、作品，會有一定的完整度、也比較美，他可能會做很久，他的堅持和執著的點，常常是我們一般人很難理解的。

「藝術家」的光明面，渴望創作藝術並推廣藝術，將生命用各種美的形式表達出來。陰影的「藝術家」，因靈感不足而導致身心俱疲，過於用藝術美醜的標準來主觀論斷。

藝術家解讀引導

這個原型是專門做一件事、透過藝術表達生命，例如：舞蹈、畫畫。但會有一些怪癖的，有時你的堅持、執著，一般人是無法理解的。

「生命即表達」這句話正符合藝術家的原型和狀態，因為生命就是透過藝術創作的表達。如果抽到「藝術家」，這個原型在鼓勵你從事一些藝術型態的表達和創作。每件藝術作品都是一種表達，唱歌也好，繪畫、跳舞等等任何形式，都是在表達自己的生命。不管是捏陶或是喜歡在自己的身上刺青、把自己的頭髮當做畫布，染黃、綠、藍……，這些都是藝術家的原型與特性。你可能也會有點孤傲感、有別人無法理解的審美觀，因為這原型是有點龜毛跟挑剔的。

#自我覺察：你喜歡怎麼樣的藝術形式呢？可以將自己的生命用美的方式表達出來嗎？

光與影的靈魂指引

生活上渴望展現之光明特質

- 渴望著創作藝術或贊助藝術家並推廣藝術。
- 渴望著將生命的感動利用某種美的形式展現出來，如：成為畫家、攝影師、園藝家、音樂家、工匠或廚師等。
- 渴望超越五官的感受來呈現生命的另一面向，激發人們以各種象徵性事物或符號來看待生命。
- 警覺自己在觀察外在事物時，過於以藝術美醜的標準來做主觀的論斷，避免自己陷入好惡過於強烈、思想過於黑白分明的負面情境。

生活上渴望清除之陰影特質

- 在生活中急於想創作藝術，然而內在藝術潛能以及創作靈感尚未展現，導致身心疲累或能量低落。
- 在生活與工作上，需施展藝術能力，將某種美的形式展現出來，然而可能受到外在經濟壓力沉重、技藝訓練不足或內在信心匱乏等影響，導致身心俱疲。
- 急於展現過人的藝術才華，卻有意無意中過度注重自己的私利，汲汲營營，甚至傷害他人。
- 觀察外在事物時，過於以藝術美醜的標準來做主觀的論斷，讓自己陷入好惡過於強烈、思想過於黑白分明的負面情境。
- 有過人之藝術才華，然而恃寵而驕，呈現古怪、放縱、任性或潦倒等負面特質。

Visionary

遠見者

預見未來、洞見直覺。

遠見者解析

可以想成「預言家」，他擁有洞見的能力，能看見未來的可能性。圖面上有顆水晶球，他透過視覺化的想像，擁有新的洞見和理解，再用語言轉譯。他信任自己的直覺，有遠見、洞燭先機、看見可能性，並把這樣可能性的畫面帶回現在。有預知未來洞見的能力，也可以看見自己現在、接下來生活的目標要往哪裡。

「遠見者」手上拿著水晶球，有巫師的感覺，就是一位神諭者，好像可以預知未來；又像是吉普賽女郎，可以透過一些畫面看到未來。他所擁有的直覺力，可以讓他看到未來的一些畫面。這些未來的畫面並不是靠一些靈視力去看見的，而是從他的心裡面浮出來的一個畫面與感受，但他能夠透過語言把這些畫面與感受結合，然後將心裡面的轉譯解釋給你聽。

滿多像通靈人、或是有預知能力可以預知未來的趨勢預言家，都是「遠見者」的原型。

「遠見者」的光明面，能夠超越當下視野並覺知未來，看到他人的遠景並提出遠見。

「遠見者」落入陰影，則會對未來有所憧憬而導致白日夢，心中有一些美好想像但無法面對。

遠見者解讀引導

「遠見者」就是看得到未來，有一種直覺的感受與畫面，能直觀地告訴你接下來會發生什麼事情。如果你的直覺力滿準，有時候就會特別容易抽到「遠見者」這張原型。

有時候這就是一個說不上來的感覺，沒有為什麼，沒有一個很理性的原因，也不是那麼的科學。比如說，你可能經過一間已經沒有在經營或是正在裝潢的店家，看著這家店突然有個感覺說：「如果這裡是開便利商店應該會不錯喔。」那就只是一個很直覺的感受，很可能就這樣過了、你也忘了自己曾經說過，結果過了幾個禮拜之後，那個店址可能就有便利商店即將開幕的紅布條。然後你的朋友就會說：「你也太準了，前幾天經過這裡時，你不是說這裡應該會開便利商店嗎？真的被你說中！」「遠見者」就是會有這種很直覺的感覺。

#自我覺察：你能夠提高視野、覺察未來嗎？會因為過度直覺而不夠落實嗎？

光與影的靈魂指引

生活上渴望展現之光明特質

- 渴望能超越當下視野，而覺知未來的發展。
- 渴望看到他人無法想像的遠景，並樂於無私地提出遠見。
- 渴望無論外在環境如何，心中依然保有那純真美好的夢想與憧憬，心中有夢最美。

生活上渴望清除之陰影特質

- 急於想超越當下視野，而覺知未來的發展，然而卻身心疲累或能量低落。
- 傾向於超越當下發生的視野去覺知較大的未來發展趨勢，對未來生活發展和社會趨勢懷有夢想與憧憬，然而容易落入不切實際或作白日夢的情況。
- 心中常存有美好的夢想與憧憬，然而屈就於外在壓力或內在恐懼而不敢真實地面對。

Engineer

工程師

邏輯組織、理性細心。

工程師解析

有邏輯、有條理、具有組織結構的能力、推理能力強，還必須要細心。擁有左腦的特質，把事務組織、架構起來的能力。

若抽到這張牌，你可以學習「工程師」的特質——組織力、落地的、生活化的。通常工程師滿有耐心，比較能冷靜看待一些事情，頭腦比較理性、精明。

你們可以看到，藝術家和工程師這兩個人的頭髮就不太一樣——留長髮、綁辮子的都是有浪漫情懷的藝術家；工程師則是比較俐落、要修整得很乾淨，可能剃個光頭比較好整理。所以「工程師」的圖這裡放了一個禿頭。

你可以看到圖裡面有一些齒輪，代表規則的感覺。因為工程師非常地會組織、架構、規則化，能把很繁複的東西丟到系統裡，輸入資料進去、直接可以輸出，能夠把事情變得具體化、實用性、邏輯化、結構化，是組織架構能力是很強的原型。能夠達成這個原型的人，本身是要很有耐心的，因為工程師常常都是在解決問題的，幫客人、幫系統解決問題，找出究竟是哪個環節或程式出現狀況，然後在系統和結構上去做調整。

工程師這個角色的目的是為了要讓整體的運作變得更便利，所以他解決問題是為了希望可以達到更方便、更容易運轉的狀況，所有科技的發明——3C商品、智能家電，都是越來越方便。這就是為了要讓事情變得更省力、更便利，而工程師就是可以具體把這些東西變成實際可用，帶到真實運用層面的人。

光明面的「工程師」，能運用務實理性的特質解決困難，覺察出自己是否過於冷靜而失去情感面。

「工程師」如果落入陰影面，則會因為太過理性而忽略了感受，凡事都過於結構化而導致身心俱疲。

工程師解讀引導

這是個講求理性頭腦、組織架構、規則化的原型，他很能具體化、邏輯化，本身也很有耐心，而一切都是為了整體運作上能更便利、更易於運轉。

如果問感情問題時抽到這個原型，可以理解為——在面對感情時，是用比較理性的方式在回應，沒有怦然心動、熱戀的感覺，甚至跟交往的對象都是用程式在寫什麼時候見面、如何排行程，可能很多事情都是講求結構化與細節流程的。

#自我覺察：你能運用理性思維面對生活事務嗎？在情感面上，是否能跟理性互為平衡呢？

光與影的靈魂指引

生活上渴望展現之光明特質

- 在生活中渴望用務實、精明和理性的特質，有條理及謀略地將創造性能量給予具體的表現能力，尤其用在規劃解決方案的難題上。
- 渴望在日常生活中用理性和邏輯來處理事情，且能體察對方的情緒與感受，冷靜處理情感帶來的影響。
- 警醒自己是否為自身利益而操作掌控，避免給人一種工於心計、刻板冷酷的負面印象。

生活上渴望清除之陰影特質

- 太過於用理性和邏輯來處理事情，反而忽略感情成分或對方的感受。
- 急於想用理性分析及精細規劃來解決目前遇到的難題，導致身心疲累或能量低落。
- 過於為自身利益而操作掌控，忽略他人的需要，給人一種工於心計、刻板冷酷的負面印象。

Hermit

隱士

離群索居、連結內心。

隱士解析

「隱士」這個原型，對應塔羅牌中的「隱者」，也就是我們所謂的「智慧老人」。

他低調地在自己的領域中躲起來，不與世俗為伍，不喜歡群體。他躲在房子裡頭，因為對他來說，專注於自己內在的一些能量是更重要的。是個離群索居，遠離人群的原型角色。

他對於自己正在做的事情很謹慎小心，因為在自己的世界裡做事，也不太在乎外在群體如何看待他。然而這個房子是亮的，儘管他看不到別人，但外面的人看得到他，大家也會想知道他在做什麼，因為他是智慧老人。

你看他的姿勢和動作，和內在連結。他不想跟外在的物質有太多的碰撞，那不是他在乎的。他的重點是如何靜心、潛修，與內心有更多的接近。

「隱士」的光明面，期望遠離人群並全心全意在精神生活上面，懂得整理自己內心而提升自我成長。

陰影層面的「隱士」，遠離人群而導致身心俱疲，逃避現實而將自己隱藏起來。

隱士解讀引導

你的內在發光，不喜愛人群、不接受批評評價。會抽離群體，躲在自己的天地裡。這個原型要你專注在自己的內在、離群索居，把重點放在修心、靜心、與內心連結。

#自我覺察：最近有比較離群索居、遠離人群的渴望嗎？想要回到內心的精神生活中嗎？

光與影的靈魂指引

生活上渴望展現之光明特質

- 渴望遠離人群，專注於精神生活，或全心在創作或尋求靈感上。
- 渴望為整頓自己的能力而自我引退，進而提升自我心靈的成長。
- 察覺到自己對別人負面批評的過度在意，以及對關係衝突、人事紛擾的恐懼，勇於面對並重新回到與自我內在的連結。

生活上渴望清除之陰影特質

- 遠離人群，專注於精神生活，或全心創作、尋求靈感，然因方法與信念偏差導致身心疲憊或能量低落。
- 反省自己、閉門思過，然而你可能覺得可以了、夠了或者想改變了。
- 急於為整頓自己的能力而自我引退，然而身心感到疲累或能量低落。
- 出於內在負面的狀況，擔心別人負面批評，恐懼於人際關係與人事紛擾。
- 逃避現實而將自己隱藏起來，拒絕救濟他人，個性孤僻偏執。

Monk/Nun

僧侶・修女

為神服務、出家修行。

僧侶・修女解析

這個原型代表了出家人的形象及心情。

雖然僧侶與修女是侍奉神的修行人角色，隱士生活在人間，但他們是出世的出家人。他們內心渴望為神服務，走向靈修出家的道途。

這兩個角色一起放在牌面上是背對背、不擁抱，好像專注在各自的靈修狀態裡。有些人問婚姻時，抽到這個原型卡，這時就需要好好思考一下——是真的想結婚嗎？還是因為傳統制約才逼得自己走入婚姻？

很有可能對此人來說，對於神或神性這個層面的追求，相對比進入婚姻生活更讓他感興趣。

「僧侶・修女」的光明面，在某些信仰上面專心一意、全心奉獻，把自己投入宗教情懷或有意義的目標上。

陰影面的「僧侶・修女」，過度宗教狂熱、追求意義而身心俱疲；過於神化某些事物導致論斷信念。

僧侶・修女解讀引導

不一定是遠離人群，但以供奉神為目的，專注在為神服務、靈修。可以自問或問抽到牌的人，是否曾經有過想出家、修行的念頭。

這是一個出世的角色，若在婚姻宮抽到這張，可以詢問有沒有伴侶。如果他有伴侶卻有這樣的心情，就可以好好了解——他覺得苦得像修行？還是覺得住在那個家裡，像住在寺廟一樣？

這個原型常出現在原生家庭或是靈性宮位，有的個案就表示，他的家庭痛苦得讓他想出家，或正與家人維持較為疏離的互動關係。

#自我覺察：你想在某些信仰跟意義上追求投入嗎？會為了宣揚宗教信念導致負面狀態嗎？

光與影的靈魂指引

生活上渴望展現之光明特質

- 渴望為著某種藝術上、事業上或生命意義上的信仰，專心一意、全心奉獻。
- 渴望帶著宗教的情懷，投注生活上大部分的精力在某個自己深覺有意義的事物或生命目標，並暫時將其他興趣、慾望甚或感情都放一邊。

生活上渴望清除之陰影特質

- 為著某種藝術上、事業上或生命意義上的信仰，過於全心投入，感到疲累或能量低落。
- 以一種近似宗教的狂熱，深深陷入在某個自己深覺有意義的事物或生命目標，甚至強迫禁慾或阻止感情自然流動，導致身心疲累或能量低落
- 過於神聖化某事物或生命目標，因二分法信念，導致對物質世界太負面論斷、過度虔誠或脫離現實。

Priest

牧師

靈性管道、帶領或主持儀式。

牧師解析

「牧師」的工作職責不外乎主持儀式、佈道、講聖經，帶領大家做禮拜、禱告、聽信徒告解、把一些神的心靈力量傳達給大家……等。他是神跟人之間的橋樑。而他也正是透過這些方式，讓所有的人更接近內心平安。

他介在神與人間生活，帶領靈性進行，或身為宗教儀式的管道。如果在平常生活裡抽到牧師這個原型，代表在某些部分你滿能為他人做些事情的。

請注意，這裡的「牧師」只是一個管道的象徵（不見得是要你去當牧師），表示這個人可以把靈性的力量或神性的訊息透過這個角色傳遞下來，也可以帶領大家做些儀式或者禱告等。

有些療癒系統的工作就有不少儀式及動作，或是有很多工具，這就滿有這個原型的特性——需要藉由儀式或象徵行為，進入內心某一個狀態。例如：家族排列、薩滿、魔法等系統。

「牧師」的光明面，能夠運用程序、儀式等方式擔當職責並以身作則。在生命關係中願意心靈上交託並有長久穩定的交流。

陰影面的「牧師」，會為了個人私利及其他意圖運用儀式；習於群體中保守、制約氛圍而導致身心俱疲。

牧師解讀引導

「牧師」是一個管道，他透過自己，用一些儀式去帶大家禱告；傳遞心靈力量、神的力量。

#自我覺察：你懂得運用一些方法來成為靈性的橋樑嗎？會不會過於強調某些規則跟程序？

光與影的靈魂指引

生活上渴望展現之光明特質

- 在工作或感情關係當中，如：家庭、婚姻或教會等，因著強烈的信念，願意在心靈上交託或委身，渴望在其中有著長久穩定的生命交流與經歷。
- 渴望在強調規則、程序以及儀式等信念體系的結構性團體裡，內心深深地融入及認可，願意交託委身，擔當職分以身作則，為共同的理想而努力。
- 警醒自己身處結構性文化體系是否出於自願；明察是否正在與群體中的保守、制約或團體壓力抗爭。

生活上渴望清除之陰影特質

- 在某種工作或感情關係當中，如家庭、婚姻或教會等，被迫或急於在心靈上交託或委身，試圖在其中得到長久穩定的生活型態，導致身心疲累或能量低落。
- 身處於強調規則、程序以及儀式等信念體系的結構性團體裡，心中尚未認可或融入其中，被迫或急於交託委身並擔當職分，然而力有未逮而身心疲累。
- 基於私利而投入某個結構性文化體系中，利用職權和他人的信任來攫取自身的利益。
- 習於生活在群體裡保守、制約或團體壓力的氛圍中，被迫壓抑內心真實渴望及感受，導致身心疲累。

Mystic

神祕主義者

相信心靈世界的重要、喜愛形而上的知識及神祕學。

神祕主義者解析

他對於神祕學很有興趣——也就是比較非物質世界的，在未知領域、心靈探索的領域中，當然也有可能是宇宙智慧、卡巴拉神祕學、靈修派、蘇菲派、或古老的文明。比如說，你可能對猶太教的一些象徵傳承，或是對塔羅占星有興趣，你也可能對數字、生命靈數、馬雅文化與曆法、外太空這些很有興趣。

「神祕主義者」的光明面，會接觸一些靈性、宗教的專業領域並樂在其中，渴望無我的修行並服務眾生。

「神祕主義者」的陰影面，過於強調唯我獨醒的狀態導致人際問題，基於私心想要連結信仰而排斥他人。

神祕主義者解讀引導

請注意，這個原型指的是「神祕主義者」，而非「神祕」特質。曾有個學員抽到這張牌，解釋自己不是個神祕的人。這不是在說你人很神祕，而是，你是「神祕主義者」。

#自我覺察：對於神祕學各領域感興趣嗎？對於古老智慧抱持著什麼想法呢？

光與影的靈魂指引

生活上渴望展現之光明特質

- 專注於宗教、靈性事物或某個冷門的專業領域裡，心理上有「眾人皆醉，唯我獨醒」的感覺，在工作或人際關係上保持一種不沾鍋或涉入不深的狀態。
- 渴望追求一種無我的修行，具有服務眾生的精神，追求心靈或內在多於物質及肉體的慾望。
- 在生活或工作的需求上，需仰賴大量靈感與創意，驅使自己往內我做深度的連結來汲取。

生活上渴望清除之陰影特質

- 過度專注於宗教、靈性事物或某種冷門的專業領域，心理上有「眾人皆醉，唯我獨醒」的感覺，在工作或人際關係上刻意保持一種不沾鍋或涉入不深的狀態，導致做人處事出現狀況而身心俱疲。
- 急於追求一種無我和服務眾生的修行，獨尊心靈追求或內在成長，並刻意貶低或唾棄物質及肉體的慾望，過於脫離現實或感到疲累。
- 在生活或工作上，需仰賴大量的靈感與創意，驅使自己往內我做深度的連結來汲取，然而有外在干擾導致腸枯思竭。
- 基於私心篤信錯誤信仰或教義，妄想與天有密切和諧關係，導致孤芳自賞而排斥他人。
- 妄想與天有密切和諧關係，甚至藉神祕力量向他人牟取不當利益。

Virgin

處女

獨善其身、純淨潔癖。

處女解析

這個原型在講一種「獨善其身」的行為模式。他比較把能量放在自己身上，不管別人怎麼樣，都只與自身內在的世界產生連結，不管外在世俗的框架，可能往靈性層面發展。

他雙手環抱在胸前，防衛些什麼？這表示把自己擁抱住、要把自己照顧好。另一個解釋是——不想親近、害怕親密的感覺，他的內在無法靠近自己，自己跟自己無法親密。他會覺得：「不要靠近我，不要碰我。」用一種想要自我保護的能量來呈現行為狀態，會因想保持自己身上單純的能量，不願靠近對方。

「處女情結」就是這個原型的一種象徵。當一個人有處女情結，他就是在要求純淨。遇到有「處女」這張原型的人，我們可以探討他自己在生活當中，有沒有對哪些事情要求要很純淨的潔癖。他可能對物品有潔癖、有精神潔癖，或對於人與人之間的關係有潔癖。我有聽過進到家門前要在門口玄關，把所有的髒衣服全部脫掉才能進門的，而且還並非在防疫期間。也有位空姐朋友，就是要噴完酒精才會進家門。有些人會一直洗手、一直消毒，在餐廳吃飯前也要一直噴酒精——這些就是很處女情結的原型。

光明面的「處女」，內心如同純潔少女般，悠遊在自己的世界中，渴望追求精神層面的美好純淨。

陰影面的「處女」，過於追求精神純潔而導致過度拘謹，對於親密關係是排斥、厭惡的。

處女解讀引導

「處女」獨善其身、要求純淨，生活中有要求的潔癖。對他來說，自己好比較重要，比較不在乎別人。有個部分的他，是只想要為自己好的。

曾有個學員即將要結婚時，抽到這個原型，我詢問他：「你是真的想結婚嗎？」顯然他即將走入親密關係，但心裡卻又不想有親密關係。

然而，處女這個原型就是回應到我們自己的內心。當一個人如果是這樣獨善其身，自己好才是最重要的，別人好或不好都是其次，也不是很在乎。如果你抽到或是遇到抽到「處女」原型的人，可以去問問是不是有個部分的內在是「只想要把自己顧好，獨善其身」？

我們也可說，太過為自己好就變成陰影，是比較自私，只想到自己。但先不管別人怎麼想，這個原型狀態談得比較內在一點——處女情結的人有個部分，可能在進入關係時是比較沒辦法跟親密伴侶親密的。當發生這樣的狀況時，我們就會回過頭來看他自己的內在，先聊聊：「跟自己的關係如何？」先看他有沒有辦法跟他自己親密。

#自我覺察：你與自己、他人的親密程度如何？有辦法跟自己更親密嗎？

光與影的靈魂指引

生活上渴望展現之光明特質

- 渴望心如青澀純潔的少女般，獨自悠遊在自己內心的世界和生活的小天地。
- 渴望獨自追求藝術和精神層面的真善美，開創全新格局或孕育原創思想。

生活上渴望清除之陰影特質

- 過於追求心境與精神的純潔，導致對於純粹感官享樂的行為表現出過度拘謹的厭惡或恐懼。
- 對性或親密關係有排斥與厭惡感，或不情願失去自己視為珍貴的少女貞潔。
- 追求藝術和精神層面的真善美，企圖開創全新格局或孕育原創思想，然而力有未逮而導致身心疲憊。

Poet

◇◇◇◇◇

詩人

出口成詩、洗鍊文字

詩人解析

「詩人」的嘴巴裡吐出鴿子，有一種出口成章的感覺。他擅長表達精粹的語言。具善用語言文字的能力，而且感受敏銳。

有的人抽到這張牌時，會說自己的語言能力很差，不寫文章也不寫詩。這時你可以反問他：「你的語言文字是不是滿精省的？」他很可能不是長篇大論型的人，而是會展現洗練用字的省話一哥／一姊。

詩人原型的人，會很在意「字」有沒有用得恰當。我曾經聽過有人表示跟詩人原型的人對話時，會覺得很痛苦，因為詩人原型的人會一直挑他用錯字，並且指出要很精準地用對字，包括各種用詞、成語都不能濫用。

由於「詩」本身的型態也不是長篇大論，因此如果你抽到詩人原型，所寫出來的東西其實應該也是滿簡潔有力，不會是長篇大論那種類型。詩人擅長把內在的情感、想要抒發的一些情緒感受、故事等等，透過文字用比較精簡扼要的優美的詩、句子或是短劇表達出來，我想詩人原型應該還滿喜歡講金句的。

有些詩人則是，可能你跟他走在路上，看著路邊的小花小草，信手捻來就是一首詩。

「詩人」的光明面，面對生活能用象徵性的語言文字來表達，能結合感受力跟洞察力找尋美好。

陰影面的「詩人」，運用過度抽象的形式表達感受而身心俱疲，找尋隱晦的意涵而導致內容空泛或負面。

詩人解讀引導

「詩人」對用字遣詞很在乎、會精準使用文字。擅長簡潔有力的表達。喜歡透過精煉文字、優美短句表達，不做長篇大論。

我自己就還滿常抽到詩人原型的，這個原型我幾乎每次都會抽到的，因為不太喜歡囉嗦，所以我自己在寫東西不是那種長篇大論、很長很長的，而會覺得「一、兩句話可以交代就夠了」。

#自我覺察：你是個金句達人嗎？擅長用精煉文字表達情感嗎？是否會過度抽象而不具體呢？

光與影的靈魂指引

生活上渴望展現之光明特質

- 在面對物質世界及現實生活時，渴望用象徵性的語言文字或抽象形式來表達內在心靈的深刻理解。
- 渴望在日常生活或人性故事中，結合抒情的感受力和敏銳的洞察力，超越顯而易見的表象，探尋那隱匿、晦澀的意義及真善美。
- 渴望放下對自己起心動念的控制以及對外在事物固有觀點的執著，放鬆隨意地聆聽訊息和接受靈感。

生活上渴望清除之陰影特質

- 在面對物質世界及現實生活時，想用象徵性的語言文字或抽象形式來表達內在心靈的深刻理解，然而力有未逮之下讓身心疲累。
- 急於在日常生活或人性故事中，結合抒情的感受力和敏銳的洞察力，超越顯而易見的表象，探尋那隱匿、晦澀的深層意義，然而所得的內容空泛，甚至過於負面或具破壞性。
- 對自己起心動念過度地控制以及對外在事物固有觀點太過執著，以致於無法放鬆隨意地聆聽訊息和接受靈感。

Storyteller

說書人

唱作俱佳、擅長比喻。

說書人解析

擅長描述情境，是一個唱作俱佳的人，描述一件事情的過程栩栩如生，彷彿他所講的情狀就在面前發生，肢體語言、聲音表情很豐富。可能透過他的聲音、抑揚頓挫的語調，感受得到畫面、情感。他喜歡說故事，很能夠分享自己的生命故事。例如：說故事媽媽。

這種很能帶人「進入情境」的方式，也會展現在「擅長打比喻」的特質上。因為又會說、又懂「引人入勝」所以聽「說書人」講話其實滿享受的，你會感覺到他的聲音或是肢體語言。他也會表演，因為說書人想要為了要讓別人理解情境，所以會透過舉例、隱喻、比喻的方式，這是他很擅長的。

「說書人」的光明面，能夠生動呈現出生命經驗或學術研究等等，喜愛用故事情節找出人生目標及智慧。

陰影面的「說書人」，則會為了自己的利益而捏造謠言或編造故事，過於表現、記錄一些生活體驗等而身心俱疲。

說書人解讀引導

「說書人」唱作俱佳、擅長比喻舉例，能說故事、讓人理解。

對我來說，我自己的「說書人」原型是在於——我喜歡在教學上透過故事的形式講案例，讓對方可以聽懂。比如說，學員問了我一個問題，我有時候就會透過講故事說明，當我發現A這個例子還聽不懂，就會再多舉兩個例子讓你聽懂。這是「說書人」很常見的一個方法——透過舉例、故事情節的表達，帶領他人更容易地去理解。

#自我覺察：你在生活中可以展現說唱俱佳的能力嗎？懂得運用生動表達將生命展現出來嗎？

光與影的靈魂指引

生活上渴望展現之光明特質

- 渴望對某些生命體驗、故事情節、學術理論或研究成果等，完整生動地記錄前因後果及演變脈絡。
- 渴望沉浸在小說、傳記或真實故事的情節當中，尋找人生目標及智慧，並像作家一樣藉由圖畫或文字等象徵符號來體驗及展現生命。

生活上渴望清除之陰影特質

- 在生活上，急於想對某生命體驗、故事情節、學術理論或研究成果等，完整生動地將其前因後果及演變脈絡記錄下來，然而力有未逮導致身心疲累或能量低落。
- 沉溺於小說、傳記或真實故事的情節，想從中尋找人生目標及智慧，或企圖像作家一樣藉由圖畫或文字等象徵符號來表現，然而可能造成自己與現實生活脫節，或者不敢誠實面對事情真相。
- 為自己的利益誤用描述事情來龍去脈的才能，更甚者捏造謠言或故事，故意中傷他人。

Scribe

書記

記錄資料、整理檔案。

書記解析

「書記」將資料記錄下來或傳承，用任何形式，例如：書寫、影音、照片。

有此原型的人往往很會整理檔案、寫筆記等，求學階段可能會有「筆記公主」的稱號。如果你在學生時代滿常提供筆記給同學；或你是上課所做的筆記，下課之後就被全班拿去影印的那種人，一定有這個「書記」原型。

因為現在其實有很多的資料都不是透過紙筆書寫，所以我們也已經把這個資訊的定義更擴大了——遇到「書記」這個原型已經不只是紙筆記錄。

書寫，很多時候可能是電腦打字或網路書寫，或者甚至是影像紀錄，所有透過影音資料、文字、圖像照片……，這些都是，現在可以做紀錄的各種媒體實在太發達了。

「書記」的光明面，能專注於保存知識、整理資料、彙整資訊，樂於收集資訊並妥善編輯。

陰影面的「書記」，會因過於投入整理跟收集而無感到乏味無意義；或只懂得整理而無法消化、缺乏創新。

書記解讀引導

「書記」擅長文字、語音資料的撰寫、保存跟傳承，是個筆記高手。不管圖像、影音都可以算在範圍內。鼓勵抽到此原型的人，可以進行「書寫」來自我整理和自我療癒。例如：自由書寫、寫日記、寫網誌、寫部落格等。

#自我覺察：你是個筆記高手嗎？平常有記錄、彙整資料能力上的展現嗎？懂得為自己的資訊進行消化與吸收嗎？

光與影的靈魂指引

生活上渴望展現之光明特質

- 渴望專注於做保存知識、整理資料或匯集資訊等工作，包括報導新聞、建立部落格或撰寫論文等。
- 樂於收集和編輯資訊與知識，並無私地與外界分享。
- 提醒自己是否過於沉溺在多如牛毛、繁雜瑣碎的資訊大海裡，避免落入只顧收集整理而無暇消化且缺乏自我創新的局面。

生活上渴望清除之陰影特質

- 專注於做保存知識、整理資料或匯集資訊等工作，然而你感覺無聊、疲憊或無意義了。
- 急於收集記錄知識，然而內容過於空泛、虛假或侵犯他人權利。
- 過於沉溺在多如牛毛、繁雜瑣碎的資訊大海裡，只顧收集整理而無暇消化且缺乏自我創新。

Guide
引導者

解答生命、智慧指引。

引導者解析

「引導者」就是指導者／指引者，是人生旅程中的嚮導。他提著煤油燈，在人生道路智慧上指引著。他右手伸出來，上面站著一隻貓頭鷹，象徵靈性層面的智慧能量；他的左手提著吊燈，有點像是塔羅牌裡的「隱者」（智慧老人）。他在黑暗當中點亮一盞燈，除了照亮自己的路之外，同時也指引人們的方向、提供他人協助。

「引導者」這個原型，其實比較重視的是一個生命的分享、指引和引導。引導者對我們來說，就是一個可以提供給我們方向、夢想前進和實踐之指引的力量。

「引導者」的光明面，擁有傳道者般的能力，樂於宣揚自己的理念跟生活哲學或是美好的東西。

陰影面的「引導者」，因樂於分享覺得好的事物而導致他人壓力；或急於展現導致身心俱疲。

引導者解讀引導

「引導者」是一個嚮導，旅途中指引方向的人。他重視生命分享跟指引，可以提供給我們方向。相較於下一個原型「教師」的專業傳授，他比較是針對人生遇到瓶頸或困境；工作上遇到一些不知道該怎麼去突破跟解決；或是工作場域、生活當中的一些人際關係等事件、情況，提供指引。

在我們的生活裡、工作場域中，都有可能會遇到類似像這樣的原型者。當我們碰上一些不太懂的地方，他可能就會教你、然後給你一些指引，跟你分享可以怎麼做、引導你可以怎麼做。

#自我覺察：你是個能指引他人或自己的人嗎？分享跟宣揚美好事物時感覺如何？

光與影的靈魂指引

生活上渴望展現之光明特質

- 渴望具有像傳道者、業務員或推銷員的能力。
- 樂於宣揚自己的信仰、理念、生活哲學或自己親身體驗覺得很好的東西。
- 渴望善用自我圓熟的真知灼見來引導他人。

生活上渴望清除之陰影特質

- 急於展現像傳道者、業務員或推銷員的能力，然而力有未逮。
- 熱衷於宣揚自己的信仰、理念、生活哲學或自己親身體驗覺得很好的東西，然而感到疲累或能量低落。
- 想用實際生活體驗或深刻體悟的真知灼見來引導他人，然而可能過於顧及自身利益或欠缺說服力。
- 發現自己覺得很好的東西，就喜歡跟別人分享、也很希望別人也能享受到，只是太熱心導致給對方壓力，或者太在意別人是否接受。

Teacher

教師

學問傳授、知識教導。

教師解析

接連著看「引導者」與「教師」這兩個原型，我們可以看到「引導者」沒有寫黑板、畫板書，因為「教師」的角色跟引導者最大的差異跟不同，就是「教師」本身是具傳道、授業、解惑，有特定的專門技術、專門知識、特定領域跟特定專長，要提供給我們的。

「教師」的教學層面比較會是位在他有特定要教的一些東西上，是一個系統知識。教師就是教授特定技術、特定技能特定的學問等等，所以是專門教一個學科系統。「引導者」則不一定，引導者是藉由經歷過的事情，去跟人分享一些生活經驗。

「教師」在技術上、學問上、知識上進行教導及傳承。有特定學問的教學。在光明面，他能展現傳承知識、經驗、技術智慧的能力，用教育傳授指引他人。

陰影面的「教師」，則會在教學上過度期待而導致失衡，或教學上習於掌控、要求而身心俱疲。

教師解讀引導

「教師」是傳道、授業、解惑特定專長領域的人。

如果你是問職業類別或是可以服務的方向，抽原型卡時抽到「引導者」或抽到「教師」，其實就是兩個非常不同的結果。抽到「引導者」表示你比較不是在教他們什麼系統、不是在傳授特定知識或特定技能，而是有點像引導人們走出人生困境的這種人物跟角色；但是如果你抽到的原型是「教師」的話，那就是非常明顯地，有特定的東西需要你去傳授、教導。

#自我覺察：你可以展現自己專長嗎？施展專長時懂得身心平衡嗎？

光與影的靈魂指引

生活上渴望展現之光明特質

- 渴望展現傳承知識、經驗、技藝或智慧的能力。
- 渴望藉由真善美及啟發式教育，傳授人生中豐富的經歷，指引他人方向。

生活上渴望清除之陰影特質

- 在生活上極力傳承知識、經驗、技藝或智慧，導致身心疲累或能量低落。
- 在教學上對學生過度期待與要求，教學內容較缺乏吸引力和實用性，容易對學生發洩負面情緒。
- 在教學上習於對學生過度的要求及掌控，關心自己的名聲甚於傳授知識。

Student

學生

喜愛學習、吸取新知。

學生解析

他是學習者、喜歡學習的人，他種下一顆小樹苗，老天給什麼，就接收什麼，並透過學習而滋養自己長成大樹。相較於「尋道者」主動找出人生的答案，「學生」是透過學習，走上人生的道途。

這個「學生」是以一個什麼樣的形象出現在這裡呢？他在樹下讀書，在樹裡面，穿著樹皮假裝是樹，好像他自己本身就是一顆樹——這棵樹是靠什麼長大的呢？你看他的樹葉其實都是書本，落下來的落葉也是書本裡面的頁面。

他拿著書在閱讀。因為他是一棵樹，一直不斷地學習成長來吸收養分，而這些從書裡學習而來的知識就是他的養分。說到「學生」其實很多身心靈學習者就很容易會心一笑，因為我們就是喜歡學習很多東西，然後保持一個敞開的狀態、開放的心，也滿有好奇心的。「學生」這張牌也代表了——你很喜歡吸收新知，對於你不太了解的東西，像是你有興趣、很想要去探究的系統跟學問、書裡面的知識等等，你都會很好奇，很想要去吸收。

我常常覺得閱讀、讀書是一個可以改變一個人性格，更可以改變一個人的命運，是一個很重要的行動。因為閱讀本身是花小錢，就可以吸收到智慧精華的一個很好的投資。

你如果遇到一些過度追求、渴望這些知識，然後可能有些人會因此很焦慮，那就是我們所謂的「知識焦慮」的狀況，他可能自己很想要去吸收許多東西，但是沒有辦法消化；也有可能是他買了一堆課，然後沒辦法去聽。「學生」的陰影面也會有被動吸收知識的感覺，或者只是在收集各種文憑跟學習證書，增加自己的頭銜而已。

「學生」的光明面，渴望持續學習並能保持敞開的態度，懂得學以致用並全心投入。陰影面的「學生」，過於急切而無法好好吸收運用，為了交換條件而去學習事物。

學生解讀引導

「學生」從書中吸取養分，保持敞開心胸去學習，喜愛吸收新知、用好奇心去探索。很多人在學習新知時，其實就是想非常快速地去吸收一些東西，但是卻沒有辦法把資源往下紮根。這也就是「學生」這張牌給我們另外的一個提醒——我們學到的這些東西，是不是真的有實踐運用？那些知識你是不是真的都有紮實地、落實運用在你的生活裡頭？還是只是停留在腦內的知識層面而已呢？

#自我覺察：抽到「學生」的你，要覺察是否有落實紮根，把知識用出來，還是只是在知識層面？你是個熱愛學習的人嗎？懂得將學習到的內容消化吸收、融會貫通嗎？

光與影的靈魂指引

生活上渴望展現之光明特質

- 渴望持續學習，對知識抱持開放和謙遜執著的態度。
- 渴望學習某種事物，融會貫通並學以致用，進而發展獨立的內在智慧。
- 已經找到或正在尋找知識、精神或心靈的導師，並全心投入追求知性和靈性的發展。

生活上渴望清除之陰影特質

- 持續地學習和吸收知識，但過度執迷於所學的有用性以致於身心疲累或能量低落。
- 耗費大量精力學習某種事物，比較不能融會貫通或不願意學以致用，且一直無法超越學生階段去發展獨立的內在智慧。
- 為了與教師交換某種條件，譬如文憑、及格或工作機會等，臣服於教師過度的要求及掌控。

Mentor

導師

亦師亦友、並肩學習、陪伴成長。

導師解析

他像老師又像朋友，感覺和你並肩坐在一起。也有點像忘年之交，一起學習、一起成長。

圖上他們兩個看出去是同一個方向。他就是用這種生命經驗的陪伴、幫助年輕人、幫助晚輩，然後也可以成長，所以是一個亦師亦友的角色。他用自己的羽毛衣包覆這個年輕孩子，其實就有種照顧之意，就像學長姐照顧學弟妹這樣的感覺——他是會跟你一起去面對困境、面對生命的困難，然後朝向同一個方向一起去解決的。

「導師」的光明面，在心靈人生上有一定高度，能成為人生導師，指引、傳授人生智慧，引導他人身心成長。

陰影面的「導師」急於引導傳授而導致身心俱疲，因為私人目的而去傳授智慧導致負面影響。

導師解讀引導

「導師」是忘年之交、亦師亦友的角色。是用生命經驗去陪伴、幫助晚輩成長的人。

#自我覺察：你能夠陪伴他人成長並且提供自己的生命智慧嗎？懂得去覺察引導他人跟自己的意圖嗎？

光與影的靈魂指引

生活上渴望展現之光明特質

- 在學術、生活技能、藝術、心靈修行或人生歷練已達一定程度，渴望成為能知識傳授兼品格陶冶的人生導師。
- 渴望在工作或生活上，能以類似一對一家教、師徒制、個人諮商等方式，傳授給他人超越知識之外的人生智慧，並引導其身心的成長。

生活上渴望清除之陰影特質

- 急於在學術、生活技能、藝術、心靈修行或人生歷練學習達一定程度，並成為能知識傳授兼品格陶冶的人生導師，然而力有未逮而感到身心疲累或能量低落。
- 希望在工作或生活上，能以類似一對一家教、師徒制、個人諮商等方式來從事教學，然而可能過於顧慮自身利益和經濟狀況，疏於細心教導與傳授智慧，導致傾向於掌控和利用學生。

Advocate

提倡者

鼓吹主張、表達立場。

提倡者解析

「提倡者」的圖很可愛，他胸前抱了一棵樹，專注、珍惜地看著小樹。這棵樹會發光，象徵著他認為的一個很棒很好的事情、概念、價值觀與行動——他很想分享好的一切，並且提倡、推動這件事情，希望別人跟他有一樣感受，認同他的想法。

「提倡者」的陰影特質，是期待別人跟他一樣——但其實不是每個人都想這麼做，這會使人感受到壓力。例如：有些人上完身心靈課程回家後，會指責伴侶都不成長，一個勁地跟伴侶推薦身心靈課程有多棒，要伴侶也參加。這個人很可能在婚姻中抽到——「提倡者」，他的伴侶就是被提倡的人。

「提倡者」的光明面，能勇敢、積極表達自己的理念並爭取權益，有話就直接說、不會拐彎抹角。

陰影層面的「提倡者」，會因提倡行為而造成他人壓力，總期望別人跟他一樣，太過主觀表達自己認為合乎正義的事情。

提倡者解讀引導

「提倡者」覺得生活中有什麼事情很重要、很好、很棒，就想要去提倡鼓吹。他想要大家一起共好，所以採取行動去倡導。

#自我覺察：你懂得勇於表達自己的想法嗎？有什麼事情是想要去提倡鼓吹的嗎？

光與影的靈魂指引

生活上渴望展現之光明特質

- 渴望發揮自己的憐憫和同情心，勇敢積極站出來表達自己或別人的理念，爭取權益，尋求支持。
- 勇於真實地表達內心飽受壓抑的想法與信念，不再擔憂外界的反抗與阻礙。
- 傾向於有話就直接講、不喜歡拐彎抹角，特別在意一些不公平的待遇或周遭一些不公義、不合理現象。
- 深深認同某團體或事業之核心理念及經營方針，投注心力在提升此團體或事業的活力。

生活上渴望清除之陰影特質

- 過於激烈地勇於表達自己或別人的理念；或無所不用其極地爭取自己或別人權益，讓身心俱疲或能量低落。
- 傾向於有話就直接講、不喜歡拐彎抹角，特別在意一些不公平的待遇或周遭不公平、不合理的現象，然而造成彼此傷害而不自知。
- 主觀地爭取你認為應得或合乎正義的東西，但忽略到別人的立場和利益，或太過於偏激而缺乏理智。

Judge

法官

公平正義、嚴格評價。

法官解析

在「法官」心中有所謂公平正義的標準，是為他做決定的圭臬，什麼是對、什麼是好、什麼是錯。法官有時候也是一種「正義魔人」，更需要強調的是——他的道德標準是比較高的，會比較嚴格、對事情的標準都嚴苛一點。

如果你的原型裡有「法官」，你內在的準則是很嚴格的。你就像法官一樣，拿著法典評價你自己，或是身邊的人事物。對於他人，你有比較高的挑剔度、道德操守、道德標準，不過同時，你對自己也是嚴格要求，會有比較多的批判性。

「法官」的光明面，會積極在利害得失上面做出許多調整，清楚明白協調跟取捨之間的平衡。

陰影層面的「法官」，面對取捨協調則感到身心俱疲，會過度負面批判或論斷並運用不當職權。

法官解讀引導

「法官」的道德標準比較高、較嚴格嚴厲。會批判是非對錯、公平正義原則，不斷地審視自己、他人。

當你是「法官」的原型，你覺得舒服嗎？還是其實一直在批判自己、批判別人還挺累的呢？你應該要看一看，你這種一直不斷地衡量對錯、符合公平的原則，標準在哪裡？如果讓自己不太舒服，怎麼樣才可以讓自己感覺比較平衡、比較舒服，比較不會落入這種一定要做出一個對錯判斷、決定或者是一種裁決的狀況？

「法官」就是要判斷對錯、要下決定，所以他一定會很二元化。這也是這個原型要給我們的學習——提醒我們自己不要落入這種絕對的二元之中。事情很有可能不只有這兩種狀況，不是只有A跟B，搞不好還有C這第三種選項。「法官」是很實際的，他拿著的秤其實只有兩種答案，一定會有一邊比較重、有一個對或錯，或者是平平、不分軒輊的。這樣的狀況下，我們自己就可以去看看，在這件事情上是不是能夠跳脫出二元的狀態，用新的高度去看見第三種可能性。

#自我覺察：想想是否容易審視、批判自己或他人？內心都有個天秤在衡量嗎？你要如何保持一個正確的公平原則？

光與影的靈魂指引

生活上渴望展現之光明特質

- 渴望在生活或感情方面所面臨的約制與利害得失上，積極做出很多權衡輕重的調整。
- 勇於面對情與理上的衝突，深感魚與熊掌不可兼得，努力去協調或取捨。

生活上渴望清除之陰影特質

- 在生活或感情方面需要做很多權衡輕重的調整，或得面對情與理上的衝突去協調或取捨，然而感覺到疲累或能量低落。
- 給予扭曲的負面批判或論斷，或運用不當的職權、法令規章來謀取私利。

Mediator

調停者

協調者、橋梁、中間人。

調停者解析

「調停者」是調解、中介者，一個橋樑。他的工作是在「拉近彼此的距離」，擅長溝通協調。

「調停者」有一個很重要的任務，就是把這兩邊的手拉在一起；其最重要的原型特質，就是居中協調的能力，也可以說是類似「中間人」的角色，要去喬事情、去連接兩端，然後把人或事情串連起來，對接在一起。

這樣的角色就很像是媒合工作者，或是紅娘、仲介等。如果是負責處理一些糾紛，可能就是家事調解委員或是一些糾紛和解的人，其實都是非常「調停者」原型的角色。他會希望幫助雙方拉近距離，讓你可以懂他、他也可以更了解你；讓彼此的想法更靠近，或者成交的目標有個交集。

若問工作、親子關係抽到這張，你或許會感覺自己常像「夾心餅乾」。例如：行政人員就得負責協調各處室的事情；在家中就要協調家人之間的事。或是在群體中，常常扮演「喬事情、搓湯圓」的角色。負責讓別人知道另外一端的訊息，然後將雙方的狀態拉到一個平衡點，使之一致。

「調停者」的光明面，生活中能消弭歧見、促進團隊合作，具有協商能力並尊重兩方的意見。

陰影面的「調停者」，因為要消除歧見而變成傳話筒，急於當和事佬而只維持表面和平。

調停者解讀引導

「調停者」有將兩邊的手拉在一起、居中協調的能力，是中間人的角色。例如：媒合工作、仲介、調節委員……，一直在兩方周旋。

曾有一位學校的行政職員，他抽到這張牌直說實在太準了，他說自己每天不斷地在各個不同處室跟單位裡面送公文、跑公文，他就是這樣把這邊的結果送去另一邊；然後誰的什麼拿過來，再傳到哪裡，如此一站一站不斷地串連起來。

也有人在問家庭問題的時候，抽到這張牌——這個人就是很明顯是傳話的人。比如說，夫妻吵架，那孩子就可能卡在中間很尷尬，站在爸爸那邊不對，站在媽媽那邊也不對。爸爸可能會跟兒子說：「兒子啊，去告訴你媽……。」然後這個兒子就會覺得很奇怪——那個人不是你老婆嗎？怎麼會叫我去跟你老婆講什麼呢？結果他抽到這張「調停者」，他就說他真的是夾心餅乾。我後來問他：「那你想怎麼做？」他對我說，其實很不想要這樣的角色，所以後來會直接拒絕傳話。他會說：「你要跟誰講你可以直接跟他說嗎？我並不想幫你告訴他！」然後他就在這裡中止了調停者的角色。

「調停者」的光明屬性雖然很會協調、連結、串連；但如果落入陰影可能就會變成傳話筒或傳聲筒了。

#自我覺察：你能夠表現協調溝通的能力嗎？懂得周旋平衡不同兩方的意見嗎？

光與影的靈魂指引

生活上渴望展現之光明特質

- 在生活上遇到爭端和衝突的局面，渴望當和事佬，消弭歧見、促進團結和諧。
- 具有策略談判和公平協商的能力，以及判讀人心和局勢的耐心，能夠尊重爭執中雙方的意見，消弭敵對氣氛。

生活上渴望清除之陰影特質

- 在生活上被迫需展現傾聽人心的耐心與能力，得談判與協商來消弭敵對團體和兩邊的關係，然而感到力有未逮而過於疲累或能量低落。
- 急於當和事佬，而太在意表面的和諧氣氛，被內心擔心和恐懼所轄制。
- 騎牆派兩邊討好，捨棄自己原則立場而妥協。

Lover

戀人

幸福快樂、戀愛狀態。

戀人解析

仔細觀察他的表情，充滿幸福洋溢、喜孜孜的，那就是個很開心、笑容滿面、快樂的表情。

然而如果這個特質過度發揮，會怎麼樣呢？熱戀般的狀態，有什麼缺點？很盲目、太依賴、顧不到旁邊事情、忽略掉其他現實層面。過度迷戀、熱戀，也會突顯出占有的特質。

「戀人」的光明面，會在生活中流露出浪漫情懷，懂得愛情的優點——充滿熱情、全然投入。

陰影面的「戀人」，則會表現出愛情的缺點——太計較、小心眼、嫉妒，出現不理性的行為、太執著而傷及他人、獨占吃醋、為愛犧牲、忽略自己、不愛自己。

戀人解讀引導

怦然心動的戀愛狀態，是需要很多活力熱情去投入的。

如果有人是問工作抽到這張牌，那他一定很喜歡現在這份工作，可能很熱愛，而且樂在其中。

如果問的是建議牌，抽到「戀人」也代表了其實你「需要更有熱情地去投入在你所問的這個主題上」。

#自我覺察：你對生活有熱情的感受嗎？在關係中懂得愛的連結嗎？

光與影的靈魂指引

生活上渴望展現之光明特質

- 渴望讓自己對於某人或某事物自然流露出內心的浪漫熱情。
- 對某人，或藝術、音樂、園藝、自然或手工藝等才藝投入高度熱情和奉獻。

生活上渴望清除之陰影特質

- 對於生活環境中的人或事物，找到你願意投注生命熱情的東西，並讓你發自內心做出重要的決定，然而卻有眾多阻礙導致身心疲累或能量低落。
- 對某人或事物陷入過度狂戀或迷情，強烈占有而導致傷害或者因過度奉獻而自我身心受損。

Bully

霸凌者

欺負威嚇、武裝害怕。

霸凌者解析

他就是「北風與太陽」故事裡的北風，用威嚇的方式欺負別人、恐嚇他人。其實，他內在裡有一種害怕的心情——「害怕自己的害怕被看見」。或許他小時候有被毆打的經驗，於是在學校中怕被欺負，就先把自己武裝起來。

這類型人們的心聲常常是：「如果我自己不裝作很厲害的樣子，可能下一次我又會被欺負。」所以他就硬把自己撐起來，然後裝出一副好像兇神惡煞的臉。

但他心裡面其實是很害怕的，他很怕你看穿他的害怕；恐懼於被你知道他是脆弱的。因為他擔心萬一把自己的脆弱跟恐懼表現出來，會讓別人認為自己怎麼那麼弱、那麼不堪一擊？然後又可能會被欺負。

「外表大老虎，內在小老鼠」的這個原型，要協助我們去看自己是否有內外不一致的行為展現——你是怎麼武裝自己的？你是否害怕揭露自己？你內在深藏有什麼樣的恐懼？

什麼樣的狀態會讓「霸凌者」停止霸凌的行為呢？當他覺得現在狀態是安全的，可以讓他安全地表達內在、揭露自己的情緒，且不被傷害，他就會停止霸凌。

「霸凌者」的光明面，能安全表達自己，在外為虎、在內為鼠，能面對自己內心真正的恐懼、渴望能被理解，不用武裝自己，懂得適度突顯自己威嚇他人。

陰影面的「霸凌者」則會硬撐自己，忙著掩蓋內心的恐懼跟情緒，或隨意卸下武裝而不懂得自我保護。

霸凌者解讀引導

很多「霸凌者」可能是因曾經被欺負或曾是受虐者而有陰影，他們內心擔憂害怕、自卑。他們硬撐起一個凶神惡煞的樣子，怕被看出恐懼跟脆弱。

對於這些人，我們要去發現在他們心裡，還有一隻在發抖的小老鼠。

如果抽到這個原型，問問自己——如果這些脆弱、軟弱跟恐懼，被你直接講出來，會怎麼樣？說出、表現出自己的害怕之後，會怎麼樣呢？你現在可能正用一種強大武裝的方式，把自己武裝起來，這樣的狀態你覺得自己是喜歡的嗎？你是舒服的嗎？

試想，自己是不是可以用一種比較舒服的狀態，來跟自己內在的情緒相處，這是這個原型所提醒的最重要的學習。你或許不一定要用這種強硬的、硬撐起來的一種強大的力量，來掩蓋自己內心真實的恐懼。

#自我覺察：心裡在害怕什麼？害怕什麼事發生嗎？也可以問問自己身體的感受，這個狀況出現在身體的哪裡呢？把牌放在身體的部位去感受一下。

光與影的靈魂指引

生活上渴望展現之光明特質

- 在生活上明察到自己在習於以情緒性語言或暴力攻擊他人之背後，所隱藏的深沉恐懼。
- 客觀地檢視你在威嚇他人的行為背後，是否有隱藏的內在問題，以自我保護；或察覺自己是否會威嚇自身心靈，以逃避挑戰。
- 渴望面對自己帶著惡霸面具底下潛伏著的內在懦夫，進一步接受他並療癒他。

生活上渴望清除之陰影特質

- 在生活上習於以情緒性語言或暴力攻擊他人，並掩蓋內心深沉恐懼。
- 在生活上有意無意地忽略內在問題，習於威嚇他人以自我保護；或威嚇自己的心靈，以逃避挑戰。
- 難以面對自己帶著惡霸面具底下潛伏著的內在懦夫，導致身心疲累或能量低落。

God

神

神性、高主導性。

神解析

他可以用神性的眼光看見一個人的至善之處。他有一種超越的眼光，跟人還有人性、小我黑暗面所看到的不一樣，而是用最高善、仁慈、同理心去看，擁有所謂神性、智慧的眼光。

請注意這張牌的主軸，跟「神聖小孩」不同（內在小孩牌組的狀態比較天真、單純、可愛）。「神」這個原型是代表權威，會多了一點主導性、更成熟穩重的特質。他會用一種比較不一樣的眼光給予他人鼓勵，用很有力量的語句給出支持。

「神」的光明面，會鼓勵人要去看見每個人內在都有神性的存在，用仁慈、同情心發揮潛能。

陰影面的「神」，過於展現多方面的心智能力而身心俱疲，或濫用獨裁去掌控且不顧及他人感受。

神解讀引導

「神」擁有慈愛、同理、高層次的神性能量，他能夠看見神性，本身也具成熟的神性力量，靈性較強。

#自我覺察：有什麼神性能量可以發揮的呢？看到自己有這部分了嗎？會不會過度運用自認為的神性？

光與影的靈魂指引

生活上渴望展現之光明特質

- 渴望展現支配能力及感官魅力。
- 可用仁慈及富同情心的方式，來讓自己和他人都能將潛能充分發揮。
- 生活上遇到某種挑戰或難題，激勵自己發揮多方面的優越能力。

生活上渴望清除之陰影特質

- 過於展現自己多方面的才能、主見和心智能力，因而身心疲累或能量低落。
- 企圖心強烈，積極施展多樣才華以完成任務或目標，然而過於掌控、獨裁或強力奪取，沒有顧及到他人的利益或感受。

Father

父親

家庭支柱、責任重心。

父親解析

「父親」跟「母親」這兩個原型，都被我們歸類在「照顧者」的原型裡。

這個父親不是嚴父，圖中小孩坐在他腿上看星星，可見是個值得依靠，有胸膛、有肩膀的人，是家人的可靠角色，也是照顧他人的角色。從家庭、家族的眼光來觀看。這種人有責任感，是家裡主要的決策者，通常也是讓大家學習的男性楷模。

「父親」的光明面，勇於扛下責任並展現生命的支持力量，能管理團體並保護全體成員的安全。

陰影面的「父親」，過度掌握他人或因嘮叨而導致負面情緒，不畏艱難地保護團體但身心俱疲。

父親解讀引導

「父親」有領導特質，是決策方向的人，但並非是個嚴格的形象，而是家庭中做決定、支持的力量。他會以支持及陪伴，守護家人。

#自我覺察：你能夠成為一個團體的支持力量嗎？

光與影的靈魂指引

生活上渴望展現之光明特質

- 在一個群體（家庭、公司或社團等）裡勇於扛下責任，做帶頭引導或管理的工作，展現創造和養育生命的特質，促進身心靈成長。
- 不畏艱苦地保護群體中成員的安全及舒適，塑造及管理他們成為團體中一分子的才能，並提醒自己不要誤用權力或控制方式。

生活上渴望清除之陰影特質

- 在一個群體（家庭、公司或社團等）裡自不量力或半推半就之下，扛下責任做帶頭引導與管理的工作，因而身心俱疲或能量低落。
- 不畏艱苦保護群體中成員的安全及舒適，然而你可能覺得累了、或者太執著於用權力或控制方式，結果不如預期。

King

國王

一國之王、大哥風範。

國王解析

「國王」在自己的領土上，照顧自己的子民。

上一個原型「父親」是以家庭的角度觀看；「國王」則是從國家的層次來看，他與後面的「女王」牌同有領土疆界的概念。

抽到「國王」或「女王」，可以說你在群體裡，會是大哥大或大姐頭，具有有領導者的風範。「父親」、「母親」沒有這個感覺，他們是被依靠、被依賴，要照顧人的。「國王」、「女王」則有明顯的界線，就好像「這些人是我的人，你們不准動」。

「國王」除了保有領土，他還會去開疆闢土。可能在一個公司裡，他做事情的時候，會很想要有新的發展性跟拓展。

光明面的「國王」，在生活中身負重任、展現領導能力，能覺察出自己是否會過度權威跟專斷。

陰影面的「國王」，則因想掌控一個團體而承擔過重的壓力，或在生活中擔任重責大任卻過度主觀。

國王解讀引導

「國王」是一個國家的照顧者，是為子民謀福利、統領一方的霸主。他會守護自己的家人，如同一個大哥，也重視界線問題，會看是不是同一國的。

#自我覺察：能夠扛下責任並展現領導能力嗎？了解界線問題所帶來的各種影響嗎？

光與影的靈魂指引

生活上渴望展現之光明特質

- 渴望展現開明仁慈的領導能力，並在執掌範圍裡處處為他人利益著想。
- 想治理和掌控一個公司、團體或家庭，樂於承當責任及壓力，展現兼具開明和嚴格的權威和能力。
- 在生活上身負領導的重責大任，提醒自己不要過於主觀專斷或不信任別人能力，避免有意無意中忽略了任何挑戰你權威的批評和質疑。

生活上渴望清除之陰影特質

- 急於展現開明仁慈領導能力，並在執掌範圍裡處處為他人利益著想，然而身心感到疲累或能量低落。
- 想治理和掌控一個公司、團體或家庭，急於展現權威和能力，但過於求好心切，而給自己承擔過重的責任以及壓力。
- 在生活上身負領導的重責大任，卻過於主觀專斷或不信任別人能力，甚至於抵擋任何挑戰你權威的批評和質疑。

Goddess

女神

慈悲、慈愛、柔軟、性感溫柔、包容接納。

女神解析

「女神」相較於「神」，多了性感溫柔、包容接納的特質。你會感覺到他的慈愛，並用一種超越的眼光來看待事物。

「女神」的光明面，會展現內在陰性特質，有著溫柔慈悲的智慧，在生活中扮演多種女性角色並能勝任。

陰影層面的「女神」，過於展現陰柔特質而導致身心俱疲，濫用獨裁去掌控而勉強他人，沉溺外界讚美且自我意識強。

女神解讀引導

「女神」有智慧、自然、性感、優雅、接納、姿態撩人。

#自我覺察：有什麼女性陰性特質可以展現嗎？懂得運用這些特質而且取得平衡嗎？

光與影的靈魂指引

生活上渴望展現之光明特質

- 拿出你內在陰性特質，展現溫柔纖細的個性、關懷慈悲的智慧、接受包容的愛及優雅高貴的舉止。
- 渴望在生活上扮演多種女性角色，並且勝任愉快，如：母親、妻子、情人、朋友或女強人等。
- 在生活上有眾人目光聚焦的舞台，讓你渴望展現風情萬種的迷人女性形象。

生活上渴望清除之陰影特質

- 試圖展現內在陰性特質，如：展現出溫柔纖細、關懷慈悲、接受包容及優雅高貴，但卻因而身心疲累或能量低落。
- 生活上被迫要同時扮演多種女性角色，如：母親、妻子、情人、朋友或女強人等，然而因太過於勉強而失去自我。
- 在眾人聚焦的舞台上，沉溺於外界給予的光環、呵護及讚美之中，有自戀、嬌寵的傾向。

Mother

母親

家庭滋養、孕育力量。

母親解析

「母親」從家庭的眼光出發，他負責照顧、孕育、提供滋養，是家族當中的女性楷模。你可以看到圖中的母親抱著新生兒，給予無條件的愛，他照顧自己的孩子，還在逗那個可愛的小孩，突顯了角色特質——孕育。

「母親」的光明面，懂得開創事業、孕育溫床並耐心等候，有著寬恕、慈悲的母性特質並能給出無條件的愛。

陰影面的「母親」，則過度展現母性而讓別人產生依賴，無條件的付出過多而導致身心俱疲。

母親解讀引導

「母親」代表無條件的愛與滋養。

如果有一個人問跟事業夥伴的創業議題，抽到了「母親」，表示這個人很能夠孕育新生命，像是新的企業體原型等，這樣的人也滿適合帶新人的。

你也可以去觀察有沒有在角色中過度而感到身心俱疲。例如：有些主管、老師，搞得像老媽子一樣管事，結果很疲累。

#自我覺察：你懂得表現自己的母性特質嗎？會不會因為愛跟付出而產生負面影響呢？

光與影的靈魂指引

生活上渴望展現之光明特質

- 生活中有在開創初期的事業或計畫，渴望給予關懷支持，賦予孕育的溫床，耐心耕耘。
- 生活周遭有尚未成熟的人事物，渴望寬恕、慈悲、關懷等母性特質，並且給予無條件的愛與奉獻，養育成長。
- 察覺到自己渴望扮演母親角色，是否太喜歡人家黏著你、依賴你。
- 警醒自己在展現母性特質時，避免變成喜歡折磨人、挖苦人及拋棄人，甚至耽於工作而忽略養育責任。

生活上渴望清除之陰影特質

- 生活中有正在開創初期的事業或計畫，需給予關懷支持，賦予孕育的溫床、耐心耕耘，然而力有未逮導致身心疲累或能量低落。
- 生活周遭有尚未成熟的人事物，需有寬恕、慈悲、關懷等母性特質，給予無條件的愛與奉獻，養育成長，然而過於付出而身心俱疲。
- 生活上被迫浮現母性特質，傾向於逃避養育或遺棄尚待成長的人事物。
- 在母親角色裡，喜歡人家黏著你、依賴你，更嚴重的喜歡折磨人、挖苦人及拋棄人，或者耽於工作而忽略養育責任。

Queen

女王

一國之母、大姐頭風範。

女王解析

「女王」是從國家的層次來看——國王是一國之父；女王是一國之母。這裡有個領土、疆界的概念，他也是界線分明，非常重視——你是不是跟我同一國的？是不是跟我是站在同一邊的？我們是不是守護同一座城堡？守護同一個國家？

在群體中，他可能是朋友圈中的大哥、大姊，會覺得「這群人，我罩的」。會展現出傾聽的特質——聽人民的心聲、大家的感覺，並去接納包容，給予關懷。

光明面的「女王」，在生活中成為眾人注目的焦點並呈現高貴的形象，在團體中是個有能力的領導者，展現出女性特質。

陰影的「女王」，過度展現柔性、開放的特質導致身心俱疲，或因為掌控而過度傲慢自大。

女王解讀引導

女王就像是國王附屬的；是大姐頭、在群體中會照顧同一國的人。

#自我覺察：能在團隊中展現大姐頭風範嗎？懂得運用領導的女性特質嗎？

光與影的靈魂指引

生活上渴望展現之光明特質

- 在生活的某種場合中是眾人注目的焦點，渴望呈現出優雅高貴、溫柔慈悲的印象，並自由地表達情緒。
- 在公司或家庭中，渴望成為有權威及能力的領導者，自我散發出較女性的特質，如：接納、慈悲、關懷和溫柔等，渴望保護個人並以柔性、開放方式治理。

生活上渴望清除之陰影特質

- 在生活中受到眾人注目，需呈現出優雅高貴、溫柔慈悲的印象，卻力有未逮。
- 在公司或家庭中，急於成為有權威及能力的領導者，並想自我散發出較屬於女性的特質，如：接納、慈悲、關懷和溫柔等，保護個人並以柔性、開放方式治理，然而身心感到疲累或能量低落。
- 浮現此特質時可能無意中顯出自大傲慢、過度支配或苛求的個性，甚至陷入激進或毀滅性的行為模式。

Prince

王子

浪漫情懷、給出驚喜。

王子解析

他是皇家養成訓練班的人選。「王子」未來要當國王；「閨女．公主」未來嫁給王子成為女王，他們承襲了國王、女王的特質。

不過他們還處在未成熟、發展中的青少年階段，他們要學習如何讓這些特質更成熟。

圖中的王子繫著一條領巾，風度翩翩、模樣很紳士。背後藏著一束花，象徵他浪漫的情懷，似乎準備給人驚喜。

「王子」也有想要拯救別人、搭救別人的特質，在「閨女．公主」為難時他就會出現，拯救公主。

「王子」的光明面，能展現年輕、活潑、外向的人格特質，以及一種浪漫自信的魅力，並樂於分享。

陰影面的「王子」，因為過於浪漫自信而太努力付出，常過於衝動、自我膨脹，急於表現自己外向特質而導致身心俱疲。

王子解讀引導

「王子」出其不意、浪漫可愛，他喜歡帶來驚喜、調皮，但在公主有需要時會跳出來，拯救公主。

如果問人格特質抽到這個原型，表示你有浪漫特質、喜歡帶給人驚喜，常常突然有個點子或冒出一個句子。

「王子」與「閨女・公主」這兩個角色相對來說是比較年輕化的，有些人會覺得他們有一種不太成熟的感覺。所以抽到「王子」，其實也代表了你的心境或者你在情感上，是比較年輕、有活力，也比較浪漫的。當然講比較陰影負面就是不太成熟。

#自我覺察：你在生活中有展現出活潑、年輕的特質嗎？想法是否會過度浪漫自信呢？

光與影的靈魂指引

生活上渴望展現之光明特質

- 在生活中特定領域裡，渴望學習並裝備自己，展現年輕、外向、活躍的人格特質，成為未來儲備的領導人物，服務眾人。
- 展現一種如王子般浪漫自信的魅力，樂於分享及付出，又具有寬宏大量、公正、憐憫和智慧的特質。

生活上渴望清除之陰影特質

- 在某個特定領域裡急於學習及裝備自己，勉強自己要有年輕、外向、活躍的人格特質，妄想成為未來的領導者，導致身心疲累或能量低落。
- 想要如王子般展現浪漫自信的魅力，努力付出、熱心助人，然而常過於衝動激進、自我膨脹或忽略他人的需求。

Damsel

閨女・公主

嬌柔依賴、少女浪漫。

閨女・公主解析

「閨女・公主」也是皇家養成訓練班的人選。「王子」未來要當國王；「閨女・公主」未來嫁給王子成為女王，他們承襲了國王、女王的特質。

不過他也和王子一樣，還處在未成熟、發展中的青少年階段，他們都要學習如何讓這些特質更成熟。

「閨女・公主」拿著有雕花的鏡子在房間裡，看起來很嬌弱。光明屬性的公主會有一種「我值得被照顧」的感受，很多事情需要被幫助、幫忙，而且會非常自然地開口請求協助，就像在等待被王子拯救那般。陰影屬性的公主，則有其依賴、驕縱、耍任性的性格。

「閨女・公主」的光明面，能覺察要懂得愛自己而不是往外求，有著溫柔特質並保持獨立自信。

「閨女・公主」的陰影面，有公主病、太過依賴、不獨立，或太過堅強而不懂得放下，成為女強人。

閨女・公主解讀引導

「閨女・公主」有種大門不出、二門不邁的公主形象，浪漫、優雅。

抽到這個原型的你，除了鼓勵獨立自主之外，也可以提出請求讓別人幫忙。「王子」與「閨女・公主」這兩個角色相對來說是比較年輕化的，有些人會覺得他們有一種不太成熟的感覺。所以抽到「閨女・公主」，其實也代表了你的心境或者你在情感上，是比較年輕、有活力，也比較浪漫的。當然講比較陰影負面就是不太成熟。

#自我覺察：你平時是否不習慣請託他人而使得自己過於勞累？生活中是否會太依賴他人而不夠獨立？

光與影的靈魂指引

生活上渴望展現之光明特質

- 覺察到自己內心渴求愛的交流與支持，以填補感情的空虛與柔弱，自我提醒不要一味往外求，而是要多愛自己和肯定自己。
- 渴望溫柔美麗的特質，並能保持內心的獨立與自信，而非如青春少女一樣被浪漫的幻想所迷惑。
- 渴望自我能力提升並照顧自己，不再期待一個類似白馬王子或騎士的人、事或物，來拯救或供養你。

生活上渴望清除之陰影特質

- 感情空虛失落，內心柔弱，缺乏愛自己的能力，期待被保護。
- 如青春少女一樣被浪漫的幻想所迷惑，導致身心疲憊和能量低落。
- 過於期待一個類似白馬王子或騎士的人、事或物，來拯救你或供養你，讓你在心靈上有所滿足或寄託。

Fool /Clown

愚人．小丑

大智若愚、偽裝情緒。

愚人．小丑解析

愚人就像小丑，有一張笑臉的面具，但真實的他在哭泣。他無法真實地呈現自己，就像「霸凌者」那個原型需要偽裝──「霸凌者」用憤怒來偽裝；「愚人．小丑」則是用笑臉。在這些偽裝的背後，他們的內心真實的情緒等待被看見。

《小丑》（Joker）這部電影就是此原型的經典代表，小丑角色也出現在《黑暗騎士》（The Dark Knight），他把自己的嘴割開，他說他要笑，就畫了一個大紅嘴。相信你如果看過這部戲，看到後面其實滿令人哀傷的。

抽到這個原型時，你可以自問或問抽牌者：「你在團體之間是不是開心果？很喜歡逗大家開心、炒熱氣氛，讓整個氛圍變歡樂。」他們有時候也會自娛娛人，有種大智若愚的感覺。這些人懂自我幽默、詼諧自己──這是非常高度的ＥＱ，是可以開自己玩笑。

如果放在小丑的脈絡中來看，小丑不斷在舞台上搞笑、跌倒，有各種不同的狀態、壓低自己的身段來娛樂觀眾。回到現實生活，「小丑」也是一個讓別人開心的開心果，但他只是外表看起來很開心，心裡有不為人知的情緒。

如果放在愚人的脈絡中來看，塔羅牌的「愚人」，本身有一種大智若愚的象徵。他會用單純真摯的情感表達，幽默地呈現自己。

「愚人．小丑」的光明面，能夠展現大智若愚、高ＥＱ的狀態，懂得幽默自己、自娛娛人。

陰影面的「愚人．小丑」，則無法呈現真我，彷彿戴著面具，用錯幽默感而愛開別人玩笑、嘲笑別人。

愚人．小丑解讀引導

他戴有面具、笑臉下在掉眼淚，這個原型在提醒你，要願意將面具拿下、願意讓人看見真實的情緒。如果你的自我平衡還不錯，我覺得你現在已經滿勇敢了。願意把這樣的面具先卸下來，讓自己可以在安全的狀態或者用比較高ＥＱ的方法展現自己，好好地用比較幽默的方式去看懂自己。光明面的「愚人．小丑」真的還滿需要幽默感的。

如果遇上無法真實表達自己（陰影的「愚人．小丑」）的人，可以試著鼓勵自己或抽到這個原型的人說：「我覺得你很不容易，你有沒有看到這個面具？你已經拿下來了。看起來你已經試著讓別人看見，只是現在還在練習。你現在遮到一半，但面具跟你的真實已經分離了，你開始可以接觸真實的自己了。」

你有沒有什麼情緒可以真實被看見呢？可以在高ＥＱ狀態下看懂自己嗎？

#自我覺察：你是不是能看到自己心情的起伏呢？你有沒有一些真實的情緒，是希望真正地去看見，不需要再戴面具了？

光與影的靈魂指引

生活上渴望展現之光明特質

- 渴望擺脫社會或自我強加的思想枷鎖或道德限制，給自己完全的自由。
- 勇於擺脫內心受壓抑的情緒，輕鬆自然地表達情感，善用幽默、搞笑或歡樂的言行舉止來帶出愉悅、和諧氣氛。
- 談笑風生，嘲弄荒誕、偽善行徑，藉由幽默感來傳遞觸動人心的深奧訊息。

生活上渴望清除之陰影特質

- 過於在乎周遭關係的氣氛是否愉悅、和諧，試圖用幽默、搞笑或歡樂的言行舉止來炒熱氣氛，讓大家開心，然而卻漸漸失去自我。
- 急於用幽默來嘲弄荒誕、偽善的行徑，有時基於自我保護而需戴個面具、強顏歡笑，如此掩飾自己內心真實情感，讓你感到疲累或能量低落。
- 刻意運用幽默感，導致過於自我嘲弄，帶來傷害並打擊自信，否定自我真實感情。

附錄1 74個原型 關鍵字與索引

層面	類型	原型名稱		關鍵字	頁碼
四大原型	行動	Child:Divine	神聖小孩	純潔、天真、光明、善良、救贖	P.88
		Child:Eternal	永恆小孩	青春、活力、熱情、能量、生命力	P.91
		Child:Magical	神奇小孩	單純、創造、相信、正念、可能性	P.94
		Child:Nature	自然小孩	愛自然、動植物、礦物水晶、接地氣的	P.97
		Child:Orphan	孤獨小孩	孤立、排外、遺棄感、離群、獨立	P.100
		Child:Wounded	受傷小孩	同理心、慈悲、愛心、憐憫、溫柔	P.105
	物質	Prostitute	妓女	物質、施受平衡、交換、價值觀	P.108
	思想	Saboteur	破壞分子	思想、自我設限、夢想恐懼、怕太好、否定自我	P.115
	情感	Victim	受害者	情感、被關注、示弱、博取同情	P.123
物質面	吸引執著	Addict	上癮者	癮頭、沉迷、無可自拔	P.131
		Hedonist	享樂主義者	及時行樂、活在當下、感官享受	P.134
		Gambler	賭徒	冒險、直覺、放手一搏	P.137
	供需施受	Beggar	乞丐	索討、羞於表達	P.141
		Thief	盜賊	剽竊、偷取有形無形	P.145
		Midas／Miser	富翁．守財奴	無限、豐盛／有限、匱乏	P.149
		Vampire	吸血鬼	依存、互取所需	P.152
	人際之間	Detective	偵探	抽離眼光、敏銳觀察、專業	P.155
		Gossip	好事者．閒聊者	打探隱私、八卦、閒聊	P.158
		Companion	同伴	忠誠、無私、互相陪伴	P.162
		Networker	網路建構者	訊息傳遞、分享資訊、人際網絡	P.165
	陰陽能量	Don Juan	唐璜	社交能力、陽性、公關	P.167
		Femme Fatale	蛇蠍美人	身體語言、陰性、性感	P.170

行動面	協助幫忙	Angel	天使	無條件給予、不求回報	P.173
		Samaritan	撒瑪利亞人	關心弱勢、不分對象	P.176
		Rescuer	解救者	提供方法、運用工具	P.179
	陽剛力量	Athlete	運動家	意志力、身體能量、超越極限	P.183
		Hero/Heroine	英雄	目標取向、投入成功	P.186
		Warrior	戰士	無畏無懼、為自己出征	P.189
		Knight	騎士	榮譽感、忠誠度	P.192
	付出奉獻	Messiah	救世主	捨我其誰、拯救世人	P.195
		Servant	僕人・服務者	服務熱忱、服務本質與對象	P.198
		Slave	奴隸	任人擺布、全然信任	P.201
		Martyr	烈士	犧牲自己、顧全大局	P.204
	尋找開創	Seeker	尋道者	尋求生命道路、自己的內在真理	P.207
		Pioneer	拓荒者	先鋒先驅、走新道路	P.210
	形體轉移	Shape-Shifter	變形人	靈活多變、彈性圓融	P.213
	強烈改變	Destroyer	摧毀者	打掉重練、破壞重生	P.216
		Avenger	復仇者	伸張不公、內心平反	P.220
		Liberator	解放者	突破框架、自由蛻變	P.224
		Rebel	反抗者	特立獨行、叛逆對立	P.227
	解除不適	Healer	療癒者	醫療系統、內在治療	P.230
		Exorcist	驅魔者・薩滿	巫醫形象、去除陰暗	P.232
思想面	豐富多元	Trickster	詐術者・魔術師	詭計多端、花招百出	P.234
		Dilettante	藝術愛好者	藝術形式、多元興趣	P.237
	轉化能量	Alchemist	煉金術士	去蕪存菁、精煉內在	P.239
		Artist	藝術家	藝術專業、注重美感	P.242
		Visionary	遠見者	預見未來、洞見直覺	P.245
		Engineer	工程師	邏輯組織、理性細心	P.248

	出世思維	Hermit	隱士	離群索居、連結內心	P.251
		Monk／Num	僧侶・修女	為神服務、出家修行	P.253
		Priest	牧師	靈性管道、主持儀式	P.255
		Mystic	神祕主義者	形而上、喜好神祕學	P.257
		Virgin	處女	獨善其身、純淨潔癖	P.259
	文字語言表達	Poet	詩人	出口成詩、洗鍊文字	P.262
		Storyteller	說書人	唱作俱佳、擅長比喻	P.265
		Scribe	書記	紀錄資料、整理檔案	P.267
	教學指引	Guide	引導者	解答生命、智慧指引	P.269
		Teacher	教師	學問傳授、知識教導	P.271
		Student	學生	喜愛學習、吸取新知	P.273
		Mentor	導師	並肩學習、陪伴成長	P.276
	標準評斷	Advocate	提倡者	鼓吹主張、表達立場	P.278
		Judge	法官	公平正義、嚴格評價	P.280
		Mediator	調停者	協調橋梁、中間人	P.283
情感面	愛	Lover	戀人	幸福快樂、戀愛狀態	P.286
	暴力	Bully	霸凌者	欺負威嚇、武裝害怕	P.288
	陽性權威	God	神	神性、高主導性	P.291
		Father	父親	家庭支柱、責任重心	P.293
		King	國王	一國之王、大哥風範	P.295
	陰性權威	Goddess	女神	性感溫柔、包容接納	P.297
		Mother	母親	家庭滋養、孕育力量	P.299
		Queen	女王	一國之母、大姐頭風範	P.301
	皇室接班	Prince	王子	浪漫情懷、給出驚喜	P.303
		Damsel	閨女・公主	嬌柔依賴、少女浪漫	P.305
	面具笑臉	Fool／Clown	愚人・小丑	大智若愚、偽裝情緒	P.307

（郭玟伶／圖表文字整理）

附錄2

神聖契約盤十二宮位案例分析

第一宮：母親

第一個宮位代表你的個性跟自我，亦是指最原初、基本樣子的原型。

抽到「母親」的她是一個非常喜歡、能夠照顧人的人，她自己也認同。這個宮位也代表「別人眼中你的樣子」，所以別人也覺得她很喜歡照顧人、非常體貼。個案自我描述她很喜歡跟老媽子一樣碎碎念，對她的家人跟朋友。

在解讀此宮位時要留意，有時對方不太能自我認同，會問：「這是我嗎？」「我是這樣嗎？」我有解盤過第一宮是吸血鬼，她真的長得跟《暮光之城》的女主角一樣漂亮。她還沒有來之前，我看著她的第一宮，後面還有張妖婦時，就天外飛來四個字：「冰山美人。」她本人真的沒有血色，然後很冷，隨著我慢慢地講下去，才終於會笑。我鬆一口氣，就跟她說：「其實妳笑容很美，妳可以多笑。」不然嚇死我了。

第二宮：閨女．公主

第二個宮位是人生的價值，你認為扮演什麼樣的角色是有價值的呢？

這位個案抽到「公主」，但在生活中她又是個堅強獨立、不求人的女性。這個宮位有趣的地方就在於——當公主其實可以讓她感覺自我價值，但她現在不是公主，比較像是女僕，發生什麼事了呢？

我問她：「妳其實心裡有沒有很希望別人可以幫忙妳，為妳服務？」她說她其實是有想要的，可是心裡面又滿不好意思麻煩別人。從這句話裡頭看到，她覺得自己不值得被幫忙，對她而言，她的自我價值是比較低的。

我鼓勵她：「其實妳心裡是還滿想開口求助，可是妳認為自己沒有價值，妳認為妳不值得別人幫忙，所以才不敢告訴別人妳的需要，覺得不好意思。」我讓她回去做練習——開口找別人幫忙。在這個過程中她會很開心，而且別人也樂意幫忙，如此可以大大增強她的自我價值感，讓她能夠感覺到：「自己是值得別人對我好、是值得別人幫忙的。」

第三宮：受傷小孩

第三宮是跟同儕、手足互動。

雖然個案是個年輕的女生，可是先前提到她有母親的性格，她自己也非常能夠去照顧同學，還有兄弟姊妹。她很能去理解別人受傷的感覺，會去接納、同理每個人，見到同學心情不好，也會主動安慰別人。

在這裡你可以去多問一些小時候與同學相處的經驗，或者是與兄弟姊妹相處的經驗。

第四宮：同伴

第四宮是跟原生家庭的關係，在父母眼中的樣子。

這個個案抽到「同伴」，而她自己也說跟父母相處起來，很像是朋友的感覺，什麼都可以聊，也可以開玩笑。

第五宮：藝術愛好者

第五宮是舞台，帶來創意跟好運，看最能夠讓你發光發熱的角色是什麼。

個案的這張牌告訴我說，她很喜歡各種不同的活動，自己也喜歡用牌卡，喜歡不同形式的音樂，在繪畫、音樂、牌卡的世界中是很享受的。她同時也可以在這世界，找到不同的靈感。

第六宮：救世主

第六宮是講工作職場。

個案抽到「救世主」，她離開某一個工作位置，成全其他同事留下來，但不覺得自己犧牲了。她說如果留下來的人是她，她會罪惡到死。而她自己覺得：「在工作上應該要捨我其誰啊！要離開當然是我離開！」所以她目前是失業狀態。

第七宮：烈士

第七宮是伴侶。

從前面看下來，這個人是媽，又是能同理人的受傷小孩、又是救世主，還在第七宮出現「烈士」。啊，你就會覺得她處處都在替他人想。第六宮是「捨我其誰」；第七宮是「我不入地獄，誰入地獄」。所以她在伴侶的互動關係當中，面對很多苦難的狀況，會先出去擋子彈。

第八宮：乞丐

第八宮，面對自己的黑暗面、低潮。是如何看待自己的苦，還有來到你面前之人的苦難。

你們可以去注意，如果對方只是一般人，不是什麼治療師，沒有在做靈性相關的諮詢工作，就不用特別去帶到如何處理別人的療癒這塊。所以我只有告訴她：「第八宮我們來談關於妳目前生命經驗裡頭，妳都是如何陪伴自己的苦、跟妳自己的低潮。」

她碰到低潮時會怎樣呢？這時候很厲害的可以看對宮！他的對宮是「公主」，當她自己碰到苦的時候，會覺得自己沒有價值，很想要求助又不敢，因為覺得自己不值得被幫忙、不值得別人對她好、不值得別人愛。進一步她又更覺得羞愧，覺得自己這麼慘、這麼沮喪，不能讓別人看見。可是她需不需要？其實她需要。所以她的原型在這裡串連成一個主軸。

第九宮：父親

第九宮，主管精神生活。

第九宮是「父親」。她在精神生活、靈性生活，擔任一個有承擔的角色。當她開始學習身心靈成長課程，她變成身邊人重要的支持，朋友中，也擔任了陽性支持的力量，別人若碰到困難或有問題，她會給他靠。

第十宮：孤獨小孩

第十宮，人生中最高的潛力。

她抽到「孤獨小孩」，看到這張牌時她自己也嚇了一跳，怎麼最高潛力是孤兒呢？她不是很想接受。所以我告訴她要去學習孤獨小孩的光明面，特別是他出現在第十宮——人生最大的潛能。這是要去告訴她：「我是渴望你們靠近我的，但是無意識中我常常會把別人往外推。」所以要把深層的心理孤寂感轉變成獨立的狀態。除了看到獨立之外，也要看是否會把自己孤立起來，不讓別人幫忙、不求助。孤獨小孩常常自己有心理的結論：「這世界上只有我能幫助自己，我就是一個人啊。」所以她應該要說出她的渴望。

第十一宮：戰士

第十一宮，群體當中（公領域）呈現的原型角色。

十一宮是公領域的自己，她要扮演「戰士」。因為她的狀態都是比較照顧、退讓、犧牲，在群體當中常常是沒有聲音的，這個第十一宮要加強她的力量。除了要去要、開口求助，她更要勇敢地為自己發聲。她說這是她目前生活當中做不到的。

我們在這個宮位上，討論為什麼會抽到「戰士」，因為看起來她在目前的生活中並不是戰士，而是一個順從者。如果她真的覺得這個狀況很ＯＫ、可以接受，那麼這個宮位應該會抽到「僕人・服務者」這類，比較順從的角色。

但在這宮位抽到「戰士」，是發生什麼事呢？她告訴我，其實常常在順從的時候，內心是很憤怒的，只是有很多的特質又告訴她：「要包容、要接納，妳就聽就好，順從就好。」所以她也常常被自己搞得很火，氣自己為什麼不敢講。

我說：「這就是妳靈魂的承諾，一定會把妳逼到某個自我發現、自我探索，讓妳去完成這個角色。」在這過程中，你們能引導個案去看見。

第十二宮：撒瑪利亞人

第十二宮，無意識的層次。

她上輩子都在幫助邊緣人。現在是護理人員，在加護病房的急救站。

我跟她說：「妳的工作真的很重要，過去妳都在幫助邊緣人，幫助那些真的比較弱勢、生命危急，被別人丟來丟去，沒有人要處理的人，他們都被妳接住了。」她說從自己開始讀身心靈的書之後，也很有這些感覺。她發現，靈魂常常在提醒她，好像跟自己有承諾，約定要去幫助這些非主流的人。

現在她還在探索，到底要走哪個人生方向。

看懂靈魂契約的74個人生解答

以原型卡解讀生命藍圖，洞悉物質世界與內心情緒，療癒人際、自我的掙扎

作　　者 —— 陳盈君

封面設計 —— FE設計
內頁設計 —— 簡至成

出版發行 —— 左西心創藝有限公司
台中市南屯區文心一路396號
(04)2251-3456
https://www.juicybuy.net
mail@juicyeasy.com
總 經 銷 —— 高寶書版集團
臺北市內湖區洲子街88號3樓
電話：(02)2799-2788／傳真：(02)2799-0909

2020年12月初版首刷

ISBN 978-986-89472-4-5

國家圖書館出版品預行編目(CIP)資料

看懂靈魂契約的74個人生解答：以原型卡解讀生命藍圖,洞悉物質世界與內心情緒,療癒人際、自我的掙扎 / 陳盈君作. -- 初版. -- 臺中市：左西心創藝, 2020.12　面；　公分
ISBN 978-986-89472-4-5(平裝)
1.心理療法 2.心理諮商
178.8　　109016339